《福因善慈千萬重》

一代實業家蔣啟獨紀念集

一九七八年，蔣啟弼成立大能化工，我國第一家氰化鈉製造廠。

T601
全
安

一九八三年，大能股份有限公司臺中機電冷氣廠。

IN

一九七六年，大能集團高雄大社石化園區廠房大門。

林委員炳康夫婦與蔣啟弼夫婦合影。

大甲廠
設立日期：中華民國六十九年十二月
位　　置：台中縣大甲鎮幼獅工業區
廠地面積：伍仟坪（壹萬陸仟伍佰平方公尺）
產品／產量：硫酸鎳／每年陸仟公噸
硫酸銅／每年貳仟伍佰公噸
TA-CHIA PLANT
DATE ESTABLISHED:
DECEMBER 1980.
LOCATION:
TA-CHIA YOUNG LION INDUSTRIAL
PARK TAI-CHUNG HSIEN
PLANT SIZE:
16,500M²
PRODUCT/CAPACITY:
NICKEL SULPHATE/6,000 T.P.A.

一九八〇年，於臺中大甲幼獅工業區成立臺能公司。

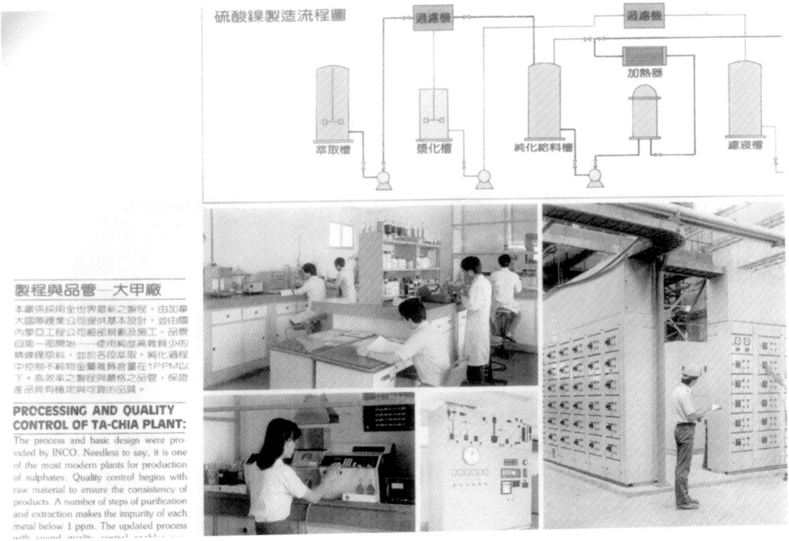

製程與品管—大甲廠
本廠係採用全世界最新之製程，由加拿大國際鎳業公司提供基本設計，並由國內擎亞工程公司細部規劃及施工。品管自第一部開始——使用純度高雜質少的精鍊鎳原料，並於各段萃取，純化過程中控制不純物金屬雜質含量在1PPM以下。高效率之製程與嚴格之品管，保證產品具有穩定與可靠的品質。
PROCESSING AND QUALITY CONTROL OF TA-CHIA PLANT:
The process and basic design were provided by INCO. Needless to say, it is one of the most modern plants for production of sulphates. Quality control begins with raw material to ensure the consistency of products. A number of steps of purification and extraction makes the impurity of each metal below 1 ppm. The updated process

一九八〇年，臺能公司設計規劃。

一九八〇年，臺能公司營運投產。

大發廠：
設立日期：中華民國七十二年七月
位　　置：高雄縣大寮大發工業區
廠地面積：壹仟肆佰坪(肆仟柒佰平方公尺)
產品／產量：銅合金・青銅・黃銅／板・條・錠／每年陸仟公噸
TA-FA PLANT
DATE ESTABLISHED:
JULY 1983
LOCATION:
TA-FA INDUSTRIAL PARK
KAOHSIUNG HSIEN.
PLANT SIZE:
4,700M²
PRODUCT/CAPACITY:
BRASS, BRONZE, COPPER ALLOY/
BILLET, PLATE, INGOT/6000 T.P.A.

一九八三年，於高雄大寮大發工業區成立臺能公司大發廠。

特刊

Passing the Mantle to a New Generation

Tanun Corporation

[illegible]

交棒給新一代

Tanun(大能化工)公司

[illegible]

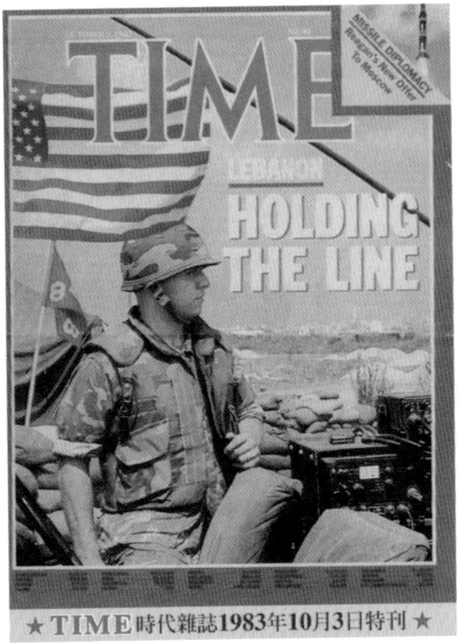

一九八三年，改良乙腈連續式製程，震驚世界，締造奇蹟，
各國紛紛仿效，因此登上時代周刊跟中視歷史上的今天。

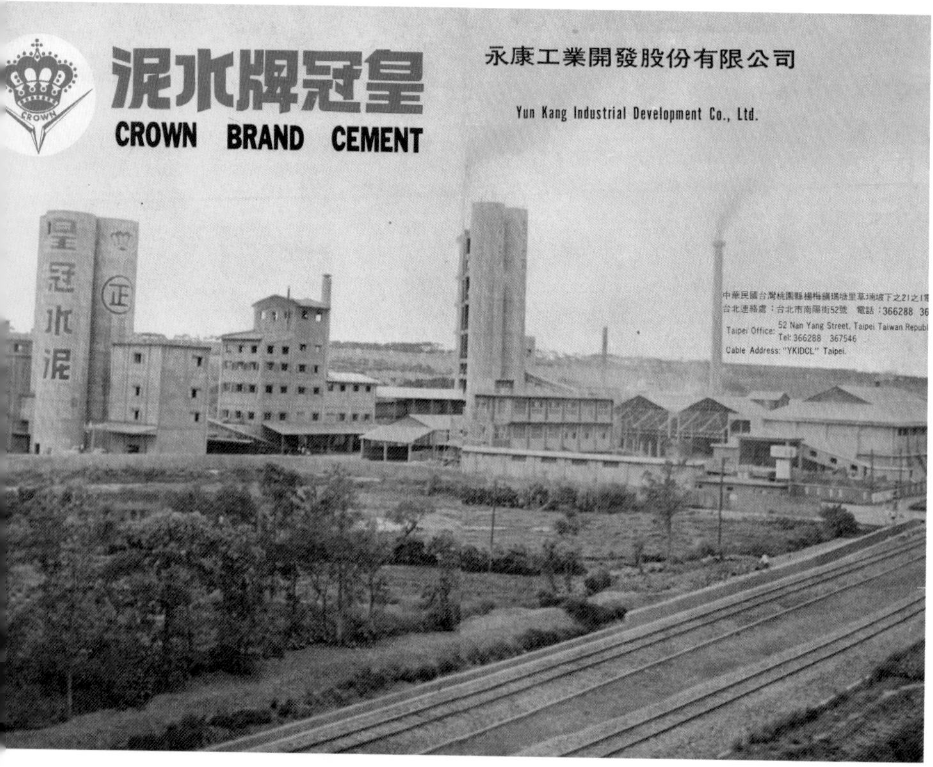

一九八〇年，大能化工接手永康工業開發股份有限公司。

外銷包裝
Export Packing
本廠產品
Product of Our Factory
內銷包裝
Domestic Packing
YUNG KANG CEMENT
YUNG KANG CEMENT
YUNG KANG CEMENT
本廠全景後面背景
General view of our plant
化驗室一角
The Laboratory
壹佰公噸壓力試驗儀器
Testing Appartus of 100 M/T Compressive Strength
生料調料高壓空氣壓縮機群
Air Compressors for Blending Silos
水泥旋窯電子控制室
Kiln Control Panel Room
礦區
Quarry
懸浮預熱高塔及水泥旋窯
Rotary Kiln with Suspension Preheater

一九八〇年，永康工業開發股份有限公司設計規劃。

一九九四年，福州臺胞投資企業協會成立。時任中共福建省委常委、福州市委書記習近平同志與協會第一屆理監事合影（前六），前排右三為蔣啟弼先生。

一九五六年，蔣啟弼畢業於士林初級中學。

一九五八年，省立復興中學，蔣啟弼與高中同學合影。

調查局展抱五期同學會，右二為蔣啟弼。

一九七九年，大能乙腈高雄廠開工動土。

左起，人事行政局局長陳炳生、金石家王王孫、蔣啟弼。

一九七九年，蔣啟弼與兩位調查局前局長合影。

一九八〇年，左二恩師沈之岳局長，左一陳宏烈副局長，與蔣啟弼先生，大能高雄廠開幕酒會。

一九八三年，大能化工大甲廠動土。

一九八二年，蔣啟弼主持臺灣鎳業慶祝酒會。

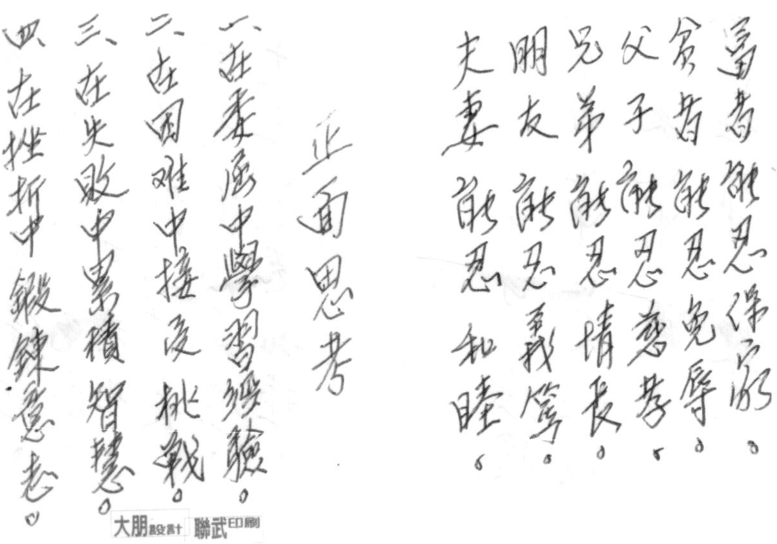
富者能忍保家。
貧者能忍免辱。
父子能忍慈孝。
兄弟能忍情長。
朋友能忍義篤。
夫妻能忍和睦。

正面思考

一、在委屈中學習經驗。
二、在困難中接受挑戰。
三、在失敗中累積智慧。
四、在挫折中鍛鍊意志。

一九九Ｏ年，蔣啟弼先生手記。

一九九二年，蔣啟弼回到福州家鄉投資實業，與連江縣長葉家松。

一九九二年，蔣啟弼與當地領導視察學校。

一九九二年，當地學生組成整齊的迎賓隊伍，迎接蔣啟弼回家鄉福州投資。

一九九二年，東岱中學，書訓學樓落成。

一九九二年，書訓學樓。

書訓學樓前，蔣啟弼與女兒、太太合影。

二〇二三年，連江一中建校一百周年之際，將新建的國學館以蔣啟弼命名。

蔣啟弼當年投資興辦的官岭水產養殖場一隅。

一九九三年，蔣啟弼在琯頭鎮設立福州安通石材工廠。

蔣先生捐獻二十五畝地給政府建琯頭通港公路。

一九九二年，中國連江縣當局接待蔣啟弼舉辦投資座談會。

屹立在連江縣安通大樓全景，連江第一棟電梯大樓。

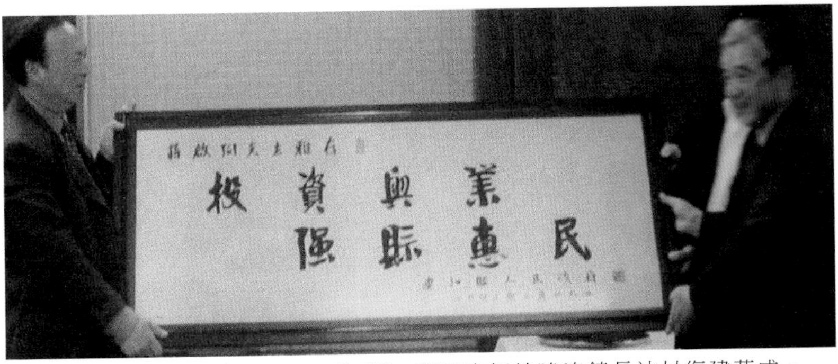

蔣啟弼六十三歲(二OO三)時，蔣氏宗祠於曉澳鎮長沙村復建落成，縣委書記張天金，親自頒贈「投資興業強縣惠民」匾額一方與蔣啟弼，以示崇德報功之至意。

一九九四年，蔣啟彌在巴哈馬投資兩萬五千畝的養殖場，並與巴哈馬大使於安敦大樓十八樓。

一九九四年，巴哈馬大使館慶祝酒會，於合家歡城市俱樂部，安敦大樓十五樓。

一九九三年，當地政府和貴安群眾歡慶福州溫泉高爾夫球場奠基典禮場面。

二〇一三年，福州貴安桃園溫泉渡假酒店封頂典禮。

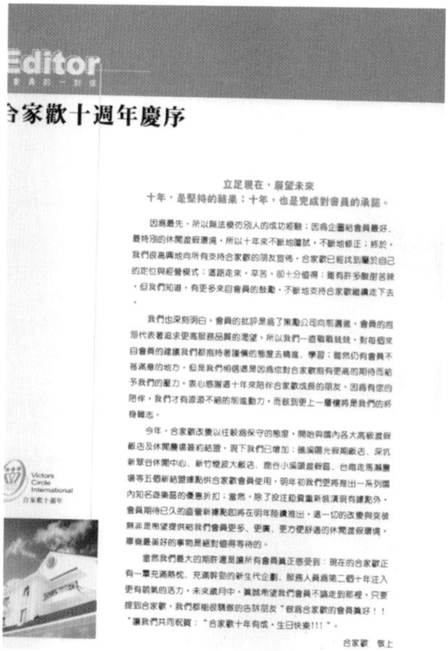

Editor

合家歡十週年慶序

立足現在，展望未來

十年，是堅持的結果；十年，也是完成對會員的承諾。

因為最先，所以無法模仿別人的成功經驗；因為企畫給會員最好、最特別的休閒渡假環境，所以十年來不斷地嘗試，不斷地修正；終於，我們很高興地向所有支持合家歡的朋友宣佈，合家歡已經找到屬於自己的定位與經營模式；這路走來，辛苦，卻十分值得；雖有許多酸甜苦辣，但我們知道，有更多來自會員的鼓勵，不斷地支持合家歡繼續走下去。

我們也深刻明白，會員的批評是為了策勵公司向前邁進，會員的指責代表著追求更高服務品質的渴望，所以我們一直戰戰兢兢，對每個來自會員的建議我們都抱持著謹慎的態度去精進、學習；雖然仍有會員不甚滿意的地方，但是我們相信這是因為您對合家歡抱有更高的期待而給予我們的壓力。衷心感謝這十年來陪伴合家歡成長的朋友，因為有您的陪伴，我們才有源源不絕的前進動力，而做到更上一層樓將是我們的終身職志。

今年，合家歡改變以往較為保守的態度，開始與國內各大高級渡假飯店及休閒農場簽約結盟，現下我們已增加：礁溪陽光假期飯店、深坑新翠谷休閒中心、新竹煙波大飯店、鹿谷小溪頭渡假區、台南走馬瀨農場等五個新結盟據點供合家歡會員使用，明年初我們更將推出一系列國內知名遊樂區的優惠折扣；當然，除了投注鉅資重新裝潢現有據點外，會員期待已久的宜蘭新據點即將在明年陸續推出，這一切的改變與突破無非是希望提供給我們會員更多、更廣、更方便舒適的休閒渡假環境，畢竟最美好的事物是絕對值得等待的。

當然我們最大的期許還是讓所有會員真正感受到：現在的合家歡正有一羣充滿熱忱、充滿幹勁的新生代企劃、服務人員為第二個十年注入更有朝氣的活力，未來歲月中，真誠希望我們會員不論走到那裡，只要提到合家歡，我們都能很驕傲的告訴朋友"做為合家歡的會員真好！！"讓我們共同祝賀："合家歡十年有成，生日快樂!!!"。

合家歡　敬上

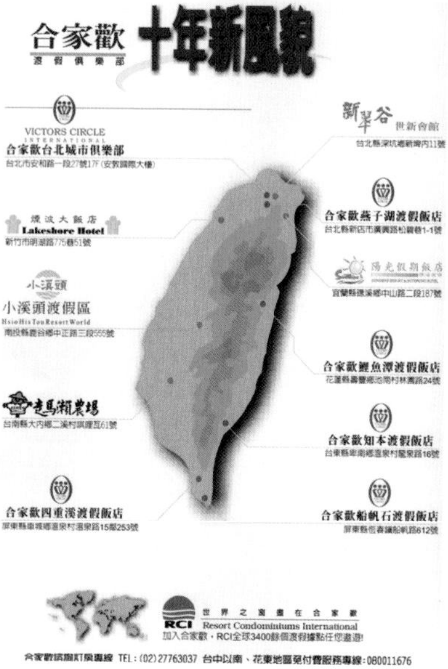

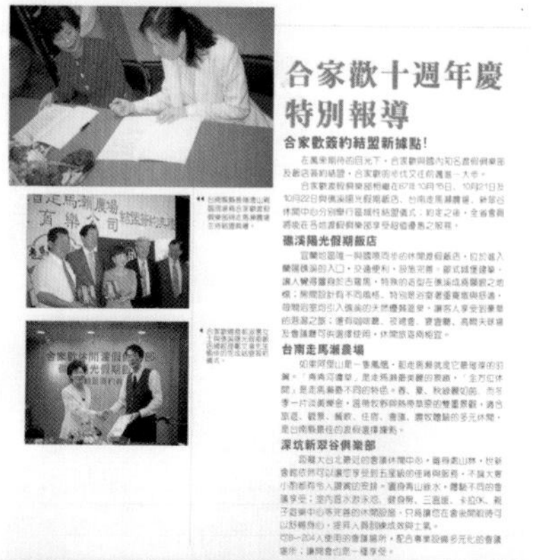

合家歡十週年慶 特別報導

合家歡簽約結盟新據點!

礁溪陽光假期飯店

台南走馬瀨農場

深坑新翠谷俱樂部

一九九八年，合家歡十周年慶，夫人郭淑惠女士任合家歡渡假俱樂部總裁。

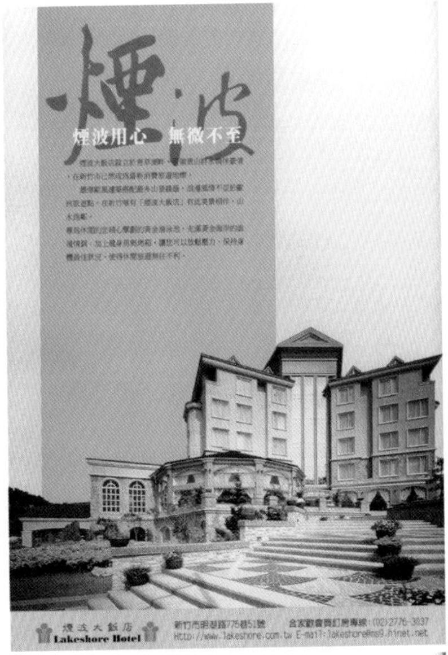

一九九八年，合家歡結盟渡假村夥伴。

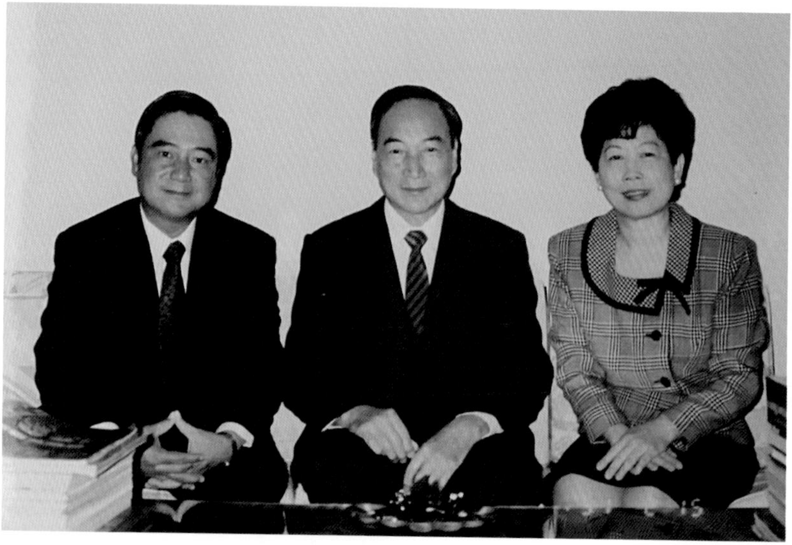

蔣啟弼伉儷與舅舅邱人璋教授合照

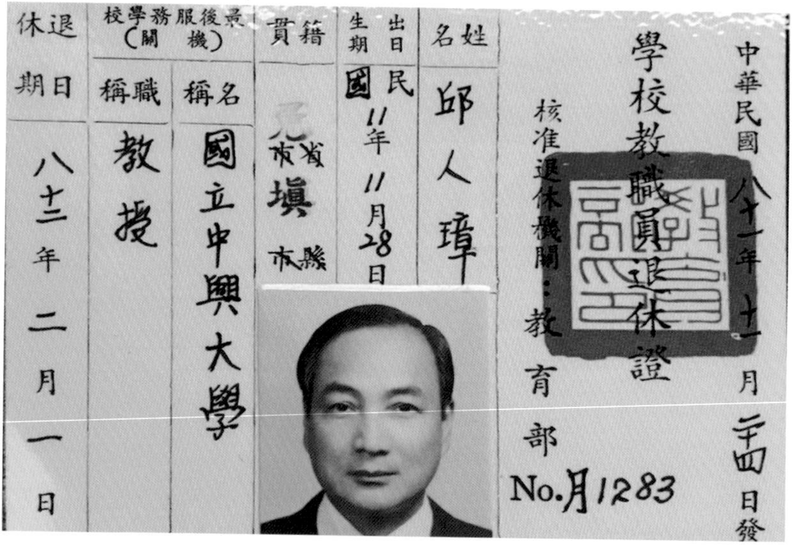

中華民國八十一年十一月廿四日發

學校教職員退休證

核准退休機關：教育部

No.月1283

姓名	出生日期	籍貫	最後服務學校（機關）名稱	職稱	退休日期
邱人璋	民國11年11月28日	[illegible]省市 填 縣市	國立中興大學	教授	八十二年二月一日

舅舅邱人璋中興大學教職員退休證，曾取得農復會獎學金，至美國肯薩斯州立大學深造。

蔣啟弼與蔣緯國將軍合照

蔣啟弼與蔣緯國將軍合照

一九九六年，大陸福建省旅遊局明長敏一行數人來臺考察，理事長蔣啟弼（右四）特於貴賓室接待，並請海基會秘書長焦仁和（右五）文建會副主委張植珊、柴松林教授（右七、八及本會理事長陳錦明（左一）作陪。

一九九八年三月十八日，閩江大學訪問團來臺，蔣啟弼（前右）設宴款待該團團長，閩江大學教授兼團長趙守箴（前中）。

安敦國際大樓（原大能通商大樓），整建工程竣工，
第一排第四位為蔣啟弼先生，第一位為夫人郭淑惠女士。

一九九八年，蔣啟弼理事長舉行餐會接待劇團及鄉親名流。

一九九八年六月，福州閩劇一團在臺北市中山堂公演接待鄉親觀劇一景

一九九八年，閩劇皇后胡奇明來臺公演合影。

二〇一二年，於圓山飯店國宴廳宴請葉家松主席。

二〇一二年，於圓山飯店國宴廳宴請福建省政協副主席葉家松，夫人郭淑惠女士敬贈個人於歷史博物館展覽之典藏冊。

二〇〇九年，接待世界福州同鄉會鄉親。

二〇一〇年，同鄉會跨年晚會。

二〇〇九年，同鄉會中秋晚會。

二〇一〇年，九九重陽敬老聯歡晚會。

蔣啟弼夫婦與女兒佩琪合影。

二〇一三年，蔣啟弼夫婦、女兒佩琪與福建省主席合影。

二〇一一年，行政院長吳敦義，於臺北市錦華樓向新移民蒞會祝賀。

二〇一一年十月，臺灣區福州十一縣市同鄉會社團第三十二屆聯誼年會，王金平院長蒞會祝賀。

一九六四年，蔣啟弼先生與郭淑惠女士結婚照。

一九六四年，結婚照

一九六五年，先生稻江家職級任導師，野柳女王頭畢業旅行，結婚第一年。

一九六四年，結婚當日。

一九六五年，蔣啟弼夫婦結婚第一年。

一九六八年，蔣啟弼調查局時期全家福（夏季）。

一九六八年，蔣啟弼調查局時期全家福(冬季)。

一九六八年，父親蔣書訓先生、妹妹蔣啟玲博士、女兒蔣佩琪。

蔣啟弼與兒子後元、女兒佩琪合影。

一九八〇年，蔣啟弼夫婦同遊美國夏威夷。

一九八七年，蔣啟弼夫婦於合家歡餐會合照。

蔣啟弼先生壽宴，與夫人郭淑惠女士一同慶祝。

二〇〇二年，郭淑惠理事長生日。

二〇〇三年，模範父親表揚大會，蔣啟弼先生與兒子後元、夫人郭淑惠一同上臺領獎。

二OO九年三月十八日，蔣先生大壽，全家人於林森大樓十二樓同鄉會合影。

二O一三年，蔣啟弼夫婦合影。

二〇一六年，參加世界福州十邑同鄉總會年會，攝於北京鳥巢。

二〇〇三年，蔣氏宗祠整修完畢，蔣啟弼夫婦於前合影。

照片錦集

蔣啟弼夫婦合影。

二〇〇六年，蔣啟弼旅遊留影。

二〇一二年，蔣先生於臺北花園大酒店主持會議。

蔣啟弼先生壽宴。

蔣啟弼先生攝於辦公室。

二ＯＯ九年，蔣啟弼先生主持會議。

大能化學公司高雄乙腈工廠開工典禮。

蔣啟弼全家福。

目次

爭議事略

蔣啟弼執教從公、經商服務兩岸福州鄉親數十年，鞠躬盡瘁，向來遵循法律規範，絕無不法，畢生遭遇重大毀譽事件有三，下簡述之：

民國五十九年（一九七〇）彭明敏流亡，蔣啟弼與彭明敏素昧平生，從未接觸，無端受牽連失去外派機會，實屬無妄之災。

民國八十五年（一九九六）蔣啟弼得罪李登輝，被冠以四海幫金主罪名。在中正機場遭檢調逮捕，直升機押解前往綠島，無罪羈押長達八個月。

民國一〇五年（二〇一六）蔣啟弼遭黃埔獅子會會長邱惠美等人設局，勒索上千萬，事後黃埔獅子會榮譽創會人滕則權親自登報，向蔣啟弼致歉。

蔣啟弼　生平事略

大能集團（Tanun Co.LTD）於一九七三年創立，為我國第一家製造廠與獨家販售氰化物之公司，年產高達八千噸，除一千噸內銷外，已有七千噸之外銷，在國際市場上，外銷量舉足輕重，高居世界第二位。是資本市場的傳奇之一，至今仍是國內唯一合法生產氰化鈉、氰化鋅、氰化亞銅、氰化鉀、氰化銀、鐵氰化鉀之企業。

一九八一年公開發行，上市代號一七四八。大能集團以化工業起家，生產事業橫跨電子、機械、金屬、水泥、造紙、電機、營造、瓷器、飼料等產業，公司資本額上百億，舉凡知名的啓業投資、永康工業開發、順賢營造、開南甲級無限工程、億安瓷器、尚德飼料、啓能貿易、臺能金屬、大能電子、美太污水工程、擎亞工程顧問、臺鋅工業、臺灣鎳業等等，都是大能集團旗下的子公司。

大能集團創辦人、福州十邑同鄉會蔣故理事長啟弼，民國二十九年（一九四〇）生於福建省連江縣東岱鎮蔣宅，屬龍歲庚辰，為家中長子，下有大妹蔣啟玲博士、二妹蔣小瑜及一位過繼給舅舅邱人璋博士的弟弟邱慶吾。

連江蔣氏族人書香門第，祖宗積德累仁，鄉所知者。先父蔣書訓為抗日英雄，戰後攜家眷抵臺，入公務部門。蔣啟弼自幼秉性聰穎，得外祖母養育、授理誨諭，潛心參研、修禮學儀，大器豁如，識者知其非常人。

九歲，民國三十八年（一九四九）國共內戰失利，中央政府、三軍主力部隊及大批軍民播遷臺灣。

十三歲，民國四十二年（一九五三）入士林初級中學（今臺北市立士林國民中學）焚膏繼晷、奮勵詩禮。

十六歲，民國四十五年（一九五六）入臺灣省立復興中學（今臺北市立復興高級中學），至誠上進、黃卷青燈。

十八歲，民國四十七年（一九五八）在校三年成績第一，以全校第一名成績畢業，考入省立中興大學法商學院法律系（今國立臺北大學）。

二十二歲，民國五十一年（一九六二）大學畢業後入中華民國海軍陸戰隊服役，分發到陸戰第一師。

二十三歲，民國五十二年（一九六三）葛樂禮颱風水災，百姓罹難、屋舍受損毀壞，隨部隊參與救災。

二十四歲，民國五十三年（一九六四）役畢中尉退伍，新婚燕爾，娶臺北富商郭永福長女郭淑惠女士為妻，才緒寄情，開張心顏、花燭筵敘。接之以高宴、縱之以湯甜，花開並蒂、日試萬言。同年，經舅舅邱人璋教授介紹，入西螺農校（今西螺高級農工職業學校）任教，準備出國前進修。

二十五歲，民國五十四年（一九六五）於私立稻江家職日、夜間部服務，後入淡水工商管理專科學校（今真理大學）任教，同年長女佩琪出生，新有慶衍寧馨，允符種玉之祥。

二十六歲，民國五十五年（一九六六）任淡水工商管理專科學校（今真理大學）校長秘書。

二十七歲，民國五十六年（一九六七）考入司法行政部（今法務部）調查局調查員特種考試，同年十二月，調查班第五期受訓八個月。

二十八歲，民國五十七年（一九六八）七月，調查局調查班第五期結業，受沈之岳局長垂青，奉派調查局人事處服務。

二十九歲，民國五十八年（一九六九）駐外安全官特考及格，同年長子後元出生，天賜祥麟、熊夢徵祥，此最可喜之事。

三十歲，民國五十九年（一九七〇）彭明敏流亡事件爆發，無端受牽連，失去外派資格，調入臺北市稅捐處監察室，考入中國文化大學三民主義研究所。

三十三歲，民國六十二年（一九七三）於南京東路二段十一號十樓，成立大能化學工業股份有限公司。任總經理，謀生計維艱；力盡庶務，事無不詳悉。

三十六歲，民國六十五年（一九七六）取得 STAMICARBON 專利技術，高雄大社石化工業區液態氰化鈉廠房建成，胼手胝足、漸有殊績。

三十七歲，民國六十六年（一九七七）為因應市場需要，乃自力研究開發氰化鋅及固體氰化鈉兩項新產品。

三十八歲，民國六十七年（一九七八）固態氰化鈉生產技術成熟，建廠完成投入生產，突破當代產能瓶頸。

三十九歲，民國六十八年（一九七九）改進乙腈（CH3CN）連續式純化製程，為求繼續發展及多角化經營起見，乃籌建年產四千五百噸乙腈精煉廠一座。

此製程至今仍是唯一的獨特技術，此創舉震驚世界，中國電視公司電視節目「歷史上的今天」專題介紹、美國時代（TIME）周刊專文報導。

四十歲，民國六十九年（一九八〇）在臺中大甲幼獅工業區，成立臺鋅工業公司，佔地五千坪，專營各種五金之表面處理、電鍍加工業務。

同年，增建固體氰化鈉第二廠，於民國六十九年底完成，

四十一歲，民國七十年（一九八一）四月，合併上堯電機工業股份有限公司，更名為大能股份有限公司，併購美國公司 FEDDERS（飛達仕）壓縮機製造廠，於臺中大甲幼獅工業區內，佔地三千坪，從事窗型冷氣冷媒壓縮機及小型中央系統冷氣機之製造與銷售。

同年十二月，與日本奇力斯特（CHELEST）公司簽訂技術合作，生產乙二胺四醋酸鹽（EDTA），又增建固體氰化鈉第三廠，投入生產。

與日本衝電氣工業集團（OKI）合作，成立大能電子，為全臺首家電子公司。

四十二歲，民國七十一年（一九八二）與加拿大的 Vale Inco 公司合資在高雄大寮大發工業區成立臺灣鎳業，是臺灣唯一鎳金屬精煉工廠。

四十三歲，民國七十二年（一九八三）配合政府發展汽車工業，大能機電部另於楊梅幼獅工業區，籌設年產十萬片之汽車冷凝器散熱片工廠一座。

同年，與日本大金工業株式會社（Daikin）合作，在高雄大寮大發工業區，成立中央系統冷氣壓縮機製造廠，為當年臺灣第一家分離式冷氣壓縮機製造廠。

四十四歲，民國七十三年（一九八四）關係企業順賢營造經營不善，外商銀行收回貸款，致大能集團爆發財務危機。

四十七歲，民國七十六年（一九八七）成立合家歡世界歡球渡假俱樂部，是臺灣觀光休閒旅遊產業中，唯一與有全球超過三千八百家渡假村據點的 RCI（國際分時渡假產業聯盟）合作的公司。

五十二歲，民國八十一年（一九九二）成立福州安通集團及福建連江桃園體育有限公司，註冊資本十億日圓。挹注重金三億人民幣，打造七十公頃的福州溫泉球場，並於縣府大樓（福建省福州市連江縣政府）附近，斥資三千萬，闢建大型購物商場，促進在地產業升級。

同年，捐款四十萬人民幣，在東岱中學（今福州市連江縣東岱中學）捐建五層教學實驗大樓，名為「書訓學樓」紀念尊父蔣書訓一世慈恩。

五十三歲，民國八十二年（一九九三）在琯頭鎮設立福州安通石材廠，投資兩千八百萬人民幣，佔地一百二十畝。同年，連江一中建校七十周年，捐資八萬美金，興建科學實驗大樓，並成立連江縣又溪獎學金基金會，至今已三十多年。

五十四歲，民國八十三年（一九九四）在浦口鎮官嶺村建立連江安和水產養殖場，投入兩千五百萬人民幣，興建全長三公里，高一千五百公尺的長堤，圍墾三百餘畝，為當地民眾培育花蛤種苗。

五十六歲，民國八十五年（一九九六）赴美探望家人，共度聖誕佳節，在中正機場遭檢調單位逮捕，綠島羈押八個月。

五十八歲，民國八十七年（一九九八）福建福州溫泉球場竣工開幕，臺日韓、東南亞、歐美諸國高爾夫球團、球友相繼造訪，川流不息，多有讚許。

六十二歲，民國九十一年（二〇〇二）成立萬泰祥國際開發股份有限公司，海峽兩岸擁有五座渡假村及高爾夫球場。

六十三歲，民國九十二年（二〇〇三）與國際海底工程公司 Comex 合作，開採蘭嶼深海珊瑚。

同年三月底，蔣氏宗祠於曉澳鎮長沙村復建落成，縣委書記張天金，親自頒贈「投資興業強縣惠民」扁額一方與蔣啟弼，以示崇德報功之至意。

六十四歲，民國九十三年（二〇〇四）成立展抱長青聯誼協會，積極推動會務，維繫退休公職人員情誼，並捐款購置會館。

六十七歲，民國九十六年（二〇〇七）當選福州十邑同鄉會理事長，出版《世界福州通訊季刊》編纂《福州通誌》，刊印萬冊，分贈全球福州鄉親。

六十八歲，民國九十七年（二〇〇八）汶川地震，捐資捐物。

七十一歲，民國一百年（二〇一一）於臺北市錦華樓（今鉅星滙國際宴會廳）包場舉辦中秋晚宴，席開數百桌，行政、立法兩院院長都是座上賓，同年雲南盈江地震，與長女佩琪協助災後重建，常以無名氏捐款慈濟功德會。

同年，蔣先生和郭淑惠夫婦在花博音樂廳舉辦音樂會，慶祝建國百年，次年舉辦中秋晚會，邀請兩千多位新住民參加，郭元益（郭元益食品公司）贈送五十臺斤的大月餅。

七十七歲，民國一〇六年（二〇一七）福州溫泉高爾夫球場被評選為全國十佳景觀球場。

七十八歲，民國一〇七年（二〇一八）一生待人如親，慷慨捐獻，惠民無數的蔣啟弼意外逝世。

民國一一二年，夫人郭淑惠為其著作《福因善慈千萬重》一代實業家蔣啟弼紀念集一書。

推薦序：見證兩岸友誼的長青樹

葉家松先生
——曾任中共莆田市委書記，福州連江縣長，福建省政協副主席

樂善好施；令人欽佩的胸懷

「精力充沛、決策靈活、遇事果斷、堅持完美、善用資源。」他堅持做他想

要的，並且永不放棄、永不妥協，這便是我對臺北福州十邑同鄉會會長、臺灣中華新移民交流協會榮譽理事長，蔣啟弼先生的第一印象。

初次見到蔣啟弼先生，是一九九二年，蔣啟弼捐資建了一座以他先父名字命名的教學實驗樓「書訓學樓」。當年我在連江縣長任上，這是興學尊君的好事，於是我修書一封，親自邀請蔣啟弼先生回家鄉走一走、看一看，為學樓剪彩，共敘鄉誼。

八月底，學樓正式啟用，在臺灣實業有成的蔣啟弼先生，踏上闊別四十多年的故鄉，在東岱鎮鎮口，在中學門前，人們一次次夾道歡迎，掌聲、鼓號聲和鞭炮聲組成了歡快的迎賓曲，落成慶典上，他說：「少小離家老大回，然而，兒時的記憶還是很深刻的，故鄉常令他夢繞魂牽。」他的話博得了陣陣掌聲。讓人更為讚歎的是，他講標準的國語，但和鄉親們聊起來，一口連江話卻十分地道流利。

當晚，連江縣人民政府宴請蔣啟弼先生，縣委、縣人大、縣政府和縣政協的領導都出席了，我就坐在他旁邊，促膝談心，這時才了解，蔣先生大我八歲，九歲就隨父母離別故鄉，遠赴臺灣，求學獲碩士學位後在政界做事，繼而從商卓有成效，獲美國《時代》周刊專文報導，蔣啟弼過人的才智和豁達，令人印象深刻。

蔣啟弼返鄉第二年，陸續在家鄉投資興辦了五個公司，組建安通集團，總投資五千萬美元。溫泉高爾夫球場是他的最愛，他嘔心瀝血，為此付出很多很多：球場利用敖江中的桃園洲圍堤三千三百多米築建而成，一個荒蕪的成千畝島洲猶如移山填海般變成國際標準十八洞球場，真可謂天造地設。它青山環抱，綠水掩映，既依傍著清沏見底的敖江，場內又有內河貫通，大小湖池星羅棋布，一群群水鳥在江湖上翱翔，放眼望去，水景比比皆是，美不勝收。這裡還有溫泉供遊人享用，真不愧「世外桃源」之美譽！人們一看見球場就心曠神怡，更不用說徜徉其中「回歸大自然」了。

如今，球場接了地氣，社會效益不斷看漲。賈慶林省長等黨和國家領導人到球場揮桿，贊不絕口，美、韓等國外商和港澳臺同胞也都交口讚賞：「這麼美的球場真是世上罕見！」國家體育總局領導曾兩度蒞場視察，認為它是全國最佳球場之一，可列入國際高爾夫賽區。幾年來，這裡經常舉行各行商界精英舉辦的賽事，因之大大提升了連江縣的聲譽，成為家鄉的一張瑰麗名片。由於它的建成，前來開發建設的項目越來越多，使這裡成為海西著名的國家級溫泉，旅遊文化綜合區，名符其實的省會城市後花園。

故鄉地靈人傑，這一方水土養育了蔣啟弼先生，因而他對家鄉的興盛耿耿於懷，曾十多次介紹並帶領臺灣商友前來考察，力促他們在家鄉投資辦企業。他敬恭桑梓的一顆赤誠火熱的心，兩岸鄉親有口皆碑。

長青老樹；服務兩岸鄉親

過去，旅臺鄉親散居臺灣各地，疏於往來，只因缺少一個聚會的平臺。臺北市連江同鄉會自一九九一年成立後，鄉親們便凝聚起來。蔣啟弼擔任了兩任理事長，捐資上千萬臺幣作為同鄉會基金，會務有聲有色，頗受兩岸鄉親的讚揚。

同鄉會以服務兩岸鄉親為主旨，通報信息，排憂解難，組織他們返鄉旅遊探親，並舉辦鄉親書畫展等，每年春節期間，舉行會員大會、祝壽活動，全體會員歡聚一堂，餐敘聯歡，鄉情洋溢，其樂融融。

同鄉會定期精印出版會訊，內容包括先賢遺徽、旅臺鄉親近況、連江家鄉及馬祖近況、會務報告和文藝作品等，分送兩岸鄉親。同鄉會熱情地為兩岸鄉親聯絡感情等等，辦成了蔣啟弼所說的「連江旅臺鄉親之家」。

蔣啟弼曾說：「隨著兩岸關係的不斷發展，大陸與臺灣已實現三通，開創了互利雙贏的局面。在這種新形勢下，兩岸通婚對增進兩岸了解和合作發揮了不可替代的作用，我把這稱為『三通』後的『第四通』，非常有意義。」為了服務大陸旅臺的鄉親，蔣啟弼組織成立臺灣中華新移民交流平臺，希望能成為大陸新娘們的娘家。曾在中秋佳節，花費數百萬元新臺幣舉辦中秋晚會，邀請兩千多位陸籍新娘參加，時任臺灣「行政院長」的吳敦義和「立法院長」王金平等都親自到場參與。甚至在春節，協會工作人員掏出十幾萬元新臺幣，包下一艘客輪，送一百三十多位買不到機票的大陸新娘回家。

一件件感人的事例，讓人們看到蔣啟弼先生是旅臺鄉親中的先進菁英，兩岸眾多鄉親引以為榮，引以為傲。他志行高遠，由於熱心促進兩岸經貿合作，曾受到習近平主席、賈慶林省長等黨和國家領導人的接見和宴請，還被福州市臺商投資企業協會推舉為副會長，人們由衷地讚頌他，是真正的桑梓之光。

推薦序：造福桑梓，必恭敬止

高孔廉博士

美國路易西安那州立大學企業管理博士，主持兩岸協商談判多年，曾任陸委會特任副主委、行政院蒙藏委員會委員長、行政院大陸委員會代理主任委員、海峽交流基金會副董事長兼秘書長、目前擔任海峽兩岸經貿文化交流協會會長、東吳大學企業管理學系商學管理講座教授。

本書是臺灣福州十邑同鄉總會理事長郭淑惠女士、福建省福州溫泉高爾夫渡假俱樂部副董事長兼執行長蔣佩琪女士，共同為蔣啟弼先生所出的一本書。

獲悉之後，歡欣愉悅，短短數日，粗疏拜覽，闔上書本，文字情節、久久迴盪，難以平復。猶記結緣蔣先生，還是一九九一年，臺北市福建省連江縣同鄉會成立的慶祝大會，本人出身福建林森，多次在寧波西街的林森紀念堂參與會務，蔣先生為人熱忱，令人敬佩，尤其是他多年來對故鄉福州的奉獻。

投資家鄉；最早前進福建的典型

蔣先生是一九九三年回到福州家鄉投資、率團考察，當年的福建省並非如今模樣，而是被認為市場小、腹地小、發展慢，相當落後，吸引力比不上北邊的長江三角洲與南方的珠江三角洲。

蔣先生這批臺商，是當年最早前進福建省的典型，其他臺商認為福建和他省隔絕、交通不便是缺點，蔣先生反視為優點，說福建極具開發潛力，當時臺灣大型建設多已到位，貴安地區卻依然交通不便，二〇一〇年，貴安隧道通車，福州高爾夫溫泉球場才迎來事業高峰，近十年，急起直追，大量公共建設相繼出籠，蔣先生三十年前就看到，確實極有眼光。

硬體建設；渡假產業高爾夫球場

蔣先生在貴安敖江溪畔投資的福建高爾夫球場，在中國被認為是高端產業，實屬難得，當年福建臺商，以加工出口等勞力密集產業為主，人人賺錢，特別是一九九三年到一九九八年，福建臺商把握住天時地利人和，迅速發展茁壯。

然而，電腦、手機和半導體等科技業、電子業，在福建卻做不起來，當地的基礎建設一直未見改善，吸引不了外資，養不起高端產業，我過去追隨江丙坤董事長在海基會服務，接觸許多相關產業的老闆，像蔣先生和珮琪這種為了幫助當地產業升級，重金投資高端渡假產業的生意人，實不多見。

蔣先生的長女佩琪，我多有接觸，目前擔任福州市臺胞投資企業協會會長，協助臺商到福建發展，幫助他們融入當地，了解市場、精準定位，在祖國大陸成就事業，促進兩岸的企業人才探索合作、創造共贏契機。

聽她的事業規劃，目前打算連結大健康產業，在高爾夫球場隔壁規劃養生酒店、養老社區、有機農場、旅遊渡假區等，引進臺灣先進的醫療與人才資源，依託球場的生態優勢，打造醫養結合的療養旅遊勝地。健康產業兩岸都很看重，中國社會的老齡化就在眼前，產業未來指日可待。

軟體建設：連江又溪獎學金

我還知道，蔣先生和蔣佩琪也一直是連江「又溪獎學金」最主要的贊助者，轉眼間，已經持續地贊助了三十年，為家鄉的教育事業奉獻心力。

「又溪獎學金」最早在臺灣設立，紀念吳兆濂先生，吳先生是連江風城人，一生勤奮廉潔，重視教育，鄉親愛戴，陳錦明先生及大陸連江縣旅臺親賢為紀念盛德高行，設立「又溪獎學金」，同時委託大陸連江縣政協設立又溪獎學金基金專戶，由臺北市福建省連江縣同鄉會挹注支持。

從一九七八年開始，「又溪獎學金」每年撥出專款用予大陸連江縣高考、中考、初考成績優良學生，由大陸連江縣政協及各界人士組成評委會評選、頒獎。

蔣夫人和蔣佩琪也說，每年「又溪獎學金」資金不足，都是由蔣啟弼先生親自補足差額，多年來，獎金從未縮水，年年增發，一直大力支持，對學生，乃至家鄉人才培育影響甚大，是大陸連江縣各類獎學金中最高榮譽，三十年來，獎勵近千位品學兼優學生。

福州的前世今生；諸多先賢的努力

長期以來，福州充分發揮優勢，整合資源，在深化對臺經貿交流合作方面取得積極成效，不斷深化與臺灣經濟文化交流合作，推出了許多兩岸經濟文化交流合作的優惠政策和措施，為臺企、臺胞在大陸學習、就業、創業、生活奠定良好基礎。兩岸經貿發展在各位臺商朋友的努力下，已有相當成果與寶貴經驗。

本人在海峽交流基金會及海峽兩岸經貿文化交流協會服務多年，心繫臺商朋友在大陸的經商權益以及兩岸間的經貿交流。

福建省今日有這番榮景無枉這些臺商們的努力。真情所致，兩岸同胞，同文同種，縱然分隔，也不忘本，會珍惜與家鄉那份永遠無法割捨的感情。

本書中蔣先生和蔣佩琪這對父女在大陸的經商經驗，是極佳示範和案例，這是一本詳細記述，難能可貴的好書，推薦所有朋友們一讀。

推薦序：篳路藍縷的實業家

曹爾忠委員

中央警察大學法學碩士、國防管理學院革命實踐研究院、美國杜克大學經濟政策研究，曾任連江縣警察局局長、臺灣警察專科學校兼任講師、警察特考襄試委員，從政多年，任第二、三、四屆立法委員、立法院交通、法制、國防、內政召集委員、中華民國道路交通促進會理事長、中華檔案及資訊微縮學會理事長、中國國民黨中央政策會政策研究部主委、財團法人國家政策研究基金會內政組顧問、中國國民黨連江縣黨部主任委員。

我是馬祖人，從警多年，當年在馬祖國大代表王先生，以及岳父黃欣華先生推薦下，結緣政壇，民國八十一年（一九九二）參選連江縣立法委員。

認識蔣先生，是民國八十年（一九九一）臺北市福建省連江縣同鄉會成立，蔣先生時常鼓勵我，相當提攜我們這些後輩。

脈脈香火情；投資家鄉的熱忱

民國八十二年（一九九三）我當選立法委員，陪著蔣先生回福州，去看溫泉高爾夫球場、安通大樓，以及石材場的預定地。我們視察貴安開發區球場基地，當時尚未開發，是標準的荒山野地，颱風過境，沼澤、樹幹、礫石滿佈。

更嚴重的問題是，國際級的高爾夫球場，普遍都興建在鄰近機場、交通發達的地區，方便國際球友下場競技，貴安開發區地處偏遠，當時交通不便，一個多小時的車程，前半段路途尚有柏油路面，後半截僅是顛簸的黃土泥巴路面，我當時跟著蔣先生，心想高爾夫球場將來建成，車程遙遠，必須翻山越嶺，可能會成為球場發展的阻礙。

蔣先生認為應該要拋磚引玉，計畫大興土木，將球場蓋得漂亮又舒適，吸引國際球友造訪，創造在地商機，藉此鼓勵地方政府興建更為便利的公路設施，他說以後半小時就到，這裡就是福州後花園，是福州人最好養老的地方，那時他也和我們分享養生村的計畫。

果不其然，如今從福州機場通往貴安地區，已有穿山隧道，經由高速公路通勤，單程只要二十五分鐘，現在正在修建第二條隧道。蔣先生在三十年前就有這樣超拔的眼光，實在厲害。

蔣先生率團考察那一年，習近平先生擔任中共福建省委常委兼福州市委書記，習先生早年主政廈門，剛剛調任福州市委，致力於整頓吏治、革新市政，與蔣先生一拍即合，習先生希望蔣先生協助接手原先由日本人主導，但後來閒置的開發案，一個是琅岐開發區，一個是貴安開發區，蔣先生選定貴安開發區，這才有了後來美輪美奐的福州溫泉高爾夫渡假俱樂部。

攔河築壩；造福鄉親

福州高爾夫球場是蔣先生的代表作之一，當時我親眼所見，這塊土地一片瘡痍、根本未經開發，我心想，這種地方要開發成高爾夫球場，投注多少心力金錢，上游還常常氾濫成災，直到蔣先生建起了大壩，此後貴安地區再無水患災情，這些水利工程都由蔣先生私人出資，實屬罕見。

民國八十三年（一九九四）球場動土，當時我也陪同出席，如今三十年過去，從一片荒蕪的泥濘河灘到一片繁華的球場，篳路藍縷，令人佩服至極。從球場就能看出蔣先生的高瞻遠矚、家鄉情懷，行動力和執行力可見一斑。

在蔣先生投資家鄉以前，福州已有三家高爾夫球場，分別是海峽奧林匹克高爾夫俱樂部、新東陽高爾夫俱樂部、登雲高爾夫俱樂部。蔣先生的溫泉高爾夫渡假俱樂部雖然進駐較晚，但後來居上，原因無他，就是勤於維護、管理嚴謹。

文化交流；閩劇傳芳

我與蔣先生同為連江同鄉會會友，親眼見證了蔣先生致力於兩岸交流所做的奉獻，尤其是閩劇。我國解禁，正式開放中國戲劇來臺演出之初，一年只有六個名額，當時我擔任立法委員，致力將閩劇引進臺灣，開創最早的福州文化交流。

民國八十三年（一九九四）福州閩劇一團來臺公演，由福州文化局局長兼黨委書記馬國防率隊。民國八十四年（一九九五）福建省閩劇實驗團來臺公演，由閩劇國家一級演員林瑛率隊。民國八十七年（一九九八）福州藝術學校來臺公演，由閩劇皇后胡奇明率隊。

閩劇蒞臺公演，蔣先生喜聞樂見，大力支持，斥資數百萬，包場中山堂，邀請數百位同鄉會鄉親一起欣賞，甚至邀請辜振甫、辜嚴倬雲夫婦到場觀賞，閩劇演出座無虛席，後閩劇皇后胡奇明在臺灣的巡迴演出，場場爆滿，《中國時報》、《臺灣時報》、《民眾日報》等多家媒體相繼報道。

連江諾貝爾；投資教育

又溪獎學金至今已三十屆，蔣先生參與創辦，身體力行，捐獻最多。不僅如此，數十年如一日，年年捐贈，從未間斷，獎勵連江縣品學兼優學子完成升學的夢想，連江學子稱其為連江諾貝爾獎。

以一個連江同鄉會後輩來說，蔣先生對我們而言，他提攜後進，無怨無悔，對鄉親、兩岸關係的努力，個人深以為榮，尤其又溪獎學金，三十年來，為家鄉當地培養許多優秀後進，蔣先生是一位樂善好施的慈善家，在產業、教育和文化領域貢獻殊深，是一位愛鄉愛土的好榜樣。

政治抹黑；清者自清

民國八十五年（一九九六）蔣先生遭到檢調單位逮捕，被保一總隊押解上直升機，送往綠島的臺東看守所收押整整八個月。

我當時得知消息，立刻打給綠島的典獄長，說我跟太太要去探望蔣先生，沒多久，時任法務部部長廖正豪先生立刻打電話來，希望我不要去探視，我當時回答，自己是以連江同鄉會常務理事的身分前往探視，而非立法委員，廖正豪只好作罷。我認為蔣先生是冤枉的，後來法院判決出爐，蔣先生遭受無數指控，都是子虛烏有，這一切的是是非非，全因得罪當局權貴，以四海幫幕後金主的名義，加罪於人。

這是典型的大街罵人，小巷道歉，只是得罪當局，真的有必要出動保一總隊和直升機，並事前通知大批媒體採訪、大篇幅報導嗎？這顯然違背刑事政策，嚴重不符合比例原則，到最後，所有誣告都不成立。蔣先生堅忍不拔，逆來順受，令人佩服。

我在質詢臺上，多次質詢法務部部長廖正豪，廖部長認為自己是掃黑英雄，我本人長期擔任警職，正告廖部長，掃黑從來沒有英雄，為了個人的前途，製造政治冤案，身為部長，應該知恥。

所幸蔣先生吉人天相，司法最終還給他清白。

相對於充斥於坊間有關「創業高手」或「經營之神」之類書籍，這本《福因慈善千萬重》中所描述的蔣先生，顯得更加真實，我們不是因為一個人完美而喜歡他，反倒恰恰是因為他沒那麼好，有很多人性的糾葛、很誠實、才讓人覺得更貼近、更有吸引力，而被我們所喜歡和敬愛。

蔣啟弼先生白手起家，歷經艱難，成就一家在今天具有國際地位的化學企業以及休閒渡假高爾夫俱樂部。這種奮鬥歷程在同時代企業家中實屬罕見，但令人驚奇，也令人欽佩的，在於蔣先生的經營理念以及一路走來對其理念的堅持。

閱讀本書最大的收穫，我覺得蔣先生是「求新求變」的經營者，如以達爾文適者生存理論，面對詭譎的市場，懂得順應環境的企業，最終才能存活。

推薦序：展抱學長・維桑與梓

陸炳文博士

全球粥會總會長陸炳文博士，展抱調查班第七期一九七〇年結業，行政院參事兼第七組組長二〇〇〇年退休，全球粥會戲曲推廣委員會首個京劇容粧定裝照體驗日，寫於臺北林森紀念堂吾兄蔣啟弼（一九四〇～二〇一八）學長，福建省連江縣人，幼年即隨父母來臺。自幼聰明，膽識過人，吃苦耐勞，孝親敬長，受教期間，堪稱「學霸」，後來考入中興大學法律系、文化大學三民主義研究所畢業，展抱山莊調查班第五期結業，報考錄取名列榜首，結業成績又第一名，參加特種考試再居冠冕，因而擁有「三冠王」榮譽稱號。

蔣學長曾任公職多年，嗣後因故棄公改從商。一九七三年始與友人共同創立大能化工，一舉成為當時臺灣最風光的石化類上市公司，長期介入石化、水泥、造紙、食品、冶金、電子、陶瓷及休閒娛樂等事業，由於善於經營，生意日益興隆，一度擁有三家上市公司，博得工商「三冠王」另類榮銜。

啟弼兄中壯年以後，思鄉之情與日俱增，兩岸有幸解凍，登程返回故鄉，訪親拜祖調查研究有得，遂返臺邀有志一同者，用投資方式回饋桑梓，無私忘我，卓然有成。但愛臺愛鄉之心始終未變，二〇一四年八月，中華展抱長青聯誼協會成立伊始，蔣學長即參與會務運作，慷慨解囊，奉獻數以百萬元計，功在展抱，實至名歸。

蔣學長還擔任過公教軍警消退休人員聯合總會副總會長、世界福州十邑同鄉總會名譽會長等社團義務職，出錢出力，有目共睹；本人籍貫古田，同為福州十邑子弟，有感於啟弼兄一向對鄉親的付出，稍早助力推動閩臺鄉誼擴大交流，邇來繼續支持蔣太太郭淑惠女士，甫卸任臺灣福州十邑同鄉總會之創會理事長、即將做滿兩屆臺北市福州十邑同鄉會之理事長，數載以來，有口皆碑。

郭理事長近年朝思暮想，欲為傳奇人物蔣啟弼著書立傳，今歲宿願得償，本書如期編成付梓，故事不在說教、也不講那大道理，而是啟弼兄嫂勤奮創業，夫妻一路相互扶持，辛苦走來所經歷活生生的軼聞故事，其間交雜著個人生意與創業的遭遇、在研發過程中創新與堅持完美的際遇，終至引領風騷成功地進軍國際的境遇。

作為類蔣啟弼傳記這本書第一個讀者，必須界定書中主人公亦即傳主，乃天性聰明過人的事業冒險家，所有冒險家們共同具備的冒險犯難精神，經歷是創業家精神的一個重要組成部分，但創業畢竟不是賭博，更不能胡亂下注豪賭，創業家的冒險，也迥異於冒進；如此的冒險家精神，不僅貫通了整本書內容與附錄，也貫穿了蔣學長的事業與人生。

本書價值遠超「創業致富」或「成功經營」一般認知層次，豪情壯志闢美「陶朱公們」或「孟嘗君們」兩名古人事功，得以產出人物誌行述事略，所秉持描寫一個真實的人，最真實的想法編寫，在通過原始資料，如見其人其事，增添幾分瞭解，減少些許誤解。

如此一來顯而易見，這是一本寫實生動、難得一睹傳記讀物，主角一見如故，極易貼近的口袋書，承蔣太太索序於我，樂意向所有朋友們，含展抱人推薦閱讀。

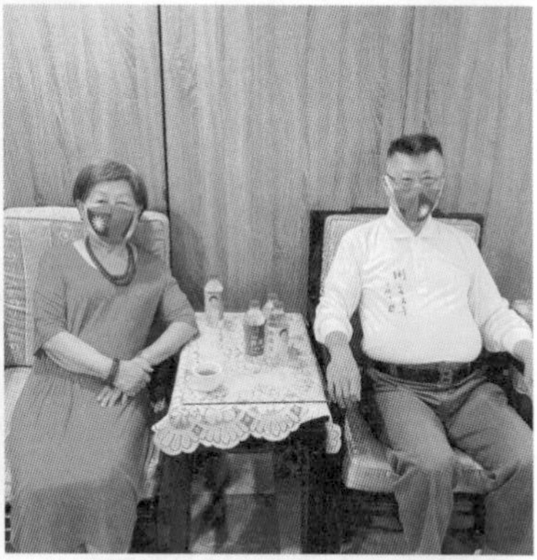

新
傳播音樂

蔣中正

福州十邑同鄉會壬寅年新春團拜會

作者序：福因慈善千萬重

郭淑惠

臺灣福州十邑同鄉總會創會總會長，世界福州十邑同鄉總會　常務副會理事長，臺北福州十邑同鄉會理事長

蔣先生過世之初，各方關注，悼念文章，每日都有，紀念文章不斷發表。故本集收錄親友及工作伙伴對蔣先生的懷念文章，輯為一卷，以正面討論逝者之成就為標準。

前幾年，經歷蔣先生離世以及疫情中失去一些朋友，同時也看到許多民眾生計因疫情陷入困頓，令人感慨萬千。教子之餘，助夫之暇，轉眼已到人生下半場，波折艱難，一路走來，滄桑總會過去，重點是要積極面對未來。這次選擇在大疫後出書，也是讓自己的生命不留白，本書編輯，整理資料，協助稿件，文字校對等等，諸多事宜，全程參與，不禁感慨，人生無捷徑。

先生畢生最重要的貢獻，除了興辦實業，就是挹注慈善，教育、文化、公共建設等各項人間關懷。先生行善的宗旨在於實際願行的推動，要行善舉，一定是要先淨化自己的心，言行舉止要有禮貌、周到、有威儀，使自己平安、家庭平安，也能使得每個人都平安。

《妙法蓮華經》二十八品新解有云：「觀法華經，若諸佛如來時乃說之，福因慈善千萬重，種種因緣、深得我心。」將素昧平生、不論身分的人，都看做跟自己有倫理關係的人予以尊敬、關懷和愛護，通過慈善的方式濟人濟事，除卻分別心，予世間無量福德，便是菩提正路。

無論做什麼事，努力和勤奮最重要，在此勉勵、祝福諸位菩薩，希望讀完這本關於我先生的書，諸位在內心、修行以及待人接物等各方面，都能有大幅成長。

民國一一一年（二〇二二）十一月五日

編輯序：恰似朝開暮落花

本書以實業家蔣啟弼先生之大愛為綱，修書立傳，延續其一生樂善好施、熱心公益之奉獻精神，也就是「成為對社會有用的人。」的信念，拋磚引玉，讓更多的社會力量參與進來。

《福因善慈千萬重》一代實業家蔣啟弼紀念集述及的範圍，涵蓋啟弼先生求學、創業及行善等事蹟，係蔣夫人郭淑惠女士根據自己多年見聞為基礎，由編者訪談整理而成。

本書雖非啟弼先生親筆著述，但內容都是其一貫的主張和經驗，用字遣詞力求保存語意，使閱者博覽其文，能收「如見其人、親聆其論」之效。

其中《驚鴻一瞥又十年》、《林泉樂道任遨遊》兩章尤為至要，係啟弼先生自領山頭，創辦大能化工集團，憑藉專業知識及研發精神，發明固態氰化鈉的生產技術、乙腈連續式純化製程，享譽國際。民國七十三年（一九八四）關係企業順賢營造經營不善，外商銀行停止放款，大能集團爆發財務危機。多年努力、盡付東流。

啟弼先生沒有懷憂喪志，憑藉著多年積累的精準市場眼光，先後在兩岸創辦合家歡世界歡球渡假俱樂部、福州溫泉高爾夫球場，成功東山再起。個人生涯與其企業王國無法分離，其中高潮跌宕讀來如電影般精彩。

歷經多次挫折也不放棄、比任何人都更為強大的信念和熱情，無止境的夢想與利他的信念，使啟弼先生成為經濟起飛時代的產業火車頭，牽動兩岸經濟發展，是不折不扣的時代巨人。

啟弼先生不改熱心公益、捨己為人的初心，解驂推食、樂善不倦，持續在福州家鄉的善舉義行，這些詳實的第一手記錄，對有志創業的讀者來說，極具參考價值。

◎全文結構的部份：

本書係依臺灣傳記文學出版社創辦人在《什麼是傳記文學》（劉紹唐，一九六七）提倡、鄭博士在《臺灣當代傳記文學研究》（鄭尊仁，二〇〇三）規範的架構編纂。

先賢理念是「各家史觀兼容並蓄，不媚世、不屈從、不偏頗。」，及弘揚傳記文學「熔史學與文學於一爐，為歷史存史料、替文學開新路。」之重任，讓精采史料與文字相互交織、助珍貴文資賴以保存而不致湮沒，是本書寫作依據。「謹願以『對歷史負責、對讀者負責』兩語自勉。」

體裁的編纂係以第三人稱視角撰寫的訪談式個人回憶錄。

傳記文學的編輯形式上，捨棄編年體而改採史實記述體。

組織方法則採用分割板塊式和獨立事件式（俗稱拼圖式寫法），非按年代，係依照相關題材來彙整章節，望其一貫性，能讓讀者更紮實的領略傳主生平。

◎大綱的部份每章三節、四章共計十二節；全文的組織方式如下：

「第一章　始述家風」低調的積善之家（大略時代環境及家族歷史）、一線教育工作者（五年執教生涯）、投身公門的轉折（五年調查局幹員）。

「第二章　大能化工」驚鴻一瞥又十年（一步一腳印，艱難困苦的三年籌備時期）、春風得意馬蹄疾（開臺灣諸多產業之先河）、覆巢之下無完卵（遭逢重大打擊、事業經營危機）。

「第三章　爐灶再起」林泉樂道任遨遊（創辦合家歡）、幾分情懷幾分憂（福州家鄉的營造）、榮華盡處是家鄉（福州溫泉高爾夫球場）。

「第四章　萬年香火」代代相承的使命（重修兩岸家族宗祠）、打通兩岸的橋樑（臺灣地區全國各省同鄉聯誼會總會之籌備）、莫愁前路無知己（夫人、同儕、部下們的訪談）。

◎最後總結的部份：「風中有花香」

本書係由六十小時錄音檔案、郵件往返、會面與電話聯繫，以及長達半年的不懈寫作、資料蒐集、校對、潤稿與版面編輯，所積攢而成的第三人稱回憶錄紀念集。

實務上，無論如何絞盡腦汁，全書編纂尚在「稍積聞思」的沉澱推敲上略顯不足；而年譜蒐集，審訂折衷亦屬粗備、不周延。有諸多疏忽、輕率以及思慮不夠縝密的部份。勞煩諸君指謫糾誤，有深知啟弼先生行誼，尚祈正其差訛、補其脫漏，使本書愈臻完善。

探厥本懷，則創述或不為無益矣

橋樑文化　邱靖雄　謹具刀筆書謁

民國一一一年（二〇二二）梅月初一　於臺北　解愚頑

第一章　始述家風

低調的積善之家

重要事蹟：愛好知識的青年

「沒有天上掉下來的好事，一切全靠自己奮鬥打拼。」

蔣啟弼天資聰穎，明慧軒朗，愷悌端方。求學時期，家境寒蹇，持恆淬勉，艱楚自振，求知欲旺盛，飽讀詩書，一個沒有家庭背景的眷村青年，靠的就是比別人努力、願意花時間刻苦讀書、學習。這項習慣亦開啟日後成為身價巨億的兩岸實業家，馳騁海外經商之璀璨生涯。

求學時期，蔣啟弼經常流連於學校圖書館、書店，即使日後執教、為官、經商，敏而好學，遍覽群書，愛好閱讀的習慣，延續一生。家中長年訂閱中文、英文等書報雜誌，只要稍有空檔，連候機出國，短短數十分鐘的空檔時間，也會在機場買本書，靜靜地閱讀。

蔣啟弼涉獵書籍領域廣闊，從經典書籍、歷史、地理、民俗、文化，到財經、政情、國際局勢、科技新知等，這也讓他擁有寬廣視野，想法與時俱進，永遠站在時代的前端。

蔣啟弼早年參與法務部調查員特種考試，榮登榜首，以薦任十二級任用，後棄公從商，一生投資兩岸實業數十年，先後籌組多家公司，跨足石化、水泥、造紙、食品、冶金、電子、電機、煉鎳、陶瓷、營造、瀝青、汽車零件、汙水處理、開採珊瑚及休閒娛樂等多項生產事業，其中三家公司核准上市（當時全國上市公司僅一百零七家）長於商事，卓有殊績。

蔣啟弼經營大能集團，重視研發，協助公司申請許多專利，帶領集團的業務蒸蒸日上，經營實業多與外國廠商技術合作，為臺灣首創、開相關產業之先河，可謂享譽國際、異域蜚聲：

（一）固體氰化鈉（NaCN）：劇毒石化產品，當年全世界僅十六個先進國家有能力生產，大能化工平價供應氰化鈉，促海內外化學工業升級。

（二）乙腈（CH3CN）：特殊溶劑，係維他命 E 主要原料，當時世界各國皆以分離式製程生產，蔣啟弼的大能化工跟旅居美國的華裔工程師合作，研發聯貫式製程，此連續製程取得多項專利，受全球業界矚目。

發表會當天，更被中國電視公司譽為足以「名留青史」的盛事（中視節目《歷史上的今天》專門報導足以代表當天全世界所發生最為重大的事件），美國

TIME雜誌亦專文報導。

（三）全臺灣第一家電子公司：蔣啟弼與日本衝電氣（OK1）合作，在臺灣第一座科學園區（今新竹科學園區）成立大能電子公司，比張忠謀的臺積電還早六年。

（四）全臺灣第一家提鍊金屬鎳的公司：蔣啟弼與加拿大Vale Inco公司在高雄大發工業區合資成立臺灣鎳業，鎳為不銹鋼的主要原料，以往都仰賴進口，交通銀行更主動要求入股，INCO占20%、交銀20%、大能60%，一年淨賺兩個資本額。

（五）全臺灣第一家分離式冷氣壓縮機製造工廠：蔣啟弼併購美國壓縮機製造廠，與日本大金工業株式會社（Daikin）合作，在高雄大寮大發工業區成立國內第一家中型壓縮機（2萬BTU~4萬9千BTU）製造廠以及第一家小型中央系統冷氣機製造廠。

（六）開採珊瑚：蔣啟弼跟世界最大的海底工程公司，法國康邁克斯（Comex）合作，用深海潛艇在蘭嶼外海水深兩百五十公尺的海底開採珊瑚，其中有一枝珊瑚重達壹拾多公斤。

（七）全臺灣第一家也是唯一與RCI聯盟的渡假產業：蔣啟弼成立的合家歡世界歡球渡假俱樂部，是臺灣唯一和全世界有三千八百家結盟渡假村的RCI（國際分時渡假產業租賃聯盟）平臺合作，合家歡會員除了國內渡假村景點外，還可以到全世界的RCI據點渡假旅遊。

（八）福建福州溫泉球場：改革開放初，蔣啟弼投資三億人民幣，在故鄉福州貴安鼇江支流，填江築堤，建設溫泉高爾夫球場，延攬日籍設計師加藤嘉一負責規劃。湖光山色、相映成趣，景緻優美、宛如人間仙境，復以優質的碳酸溫泉，吸引臺日韓、東南亞、歐美等高爾夫球團競技交誼。

蔣啟弼重視培育後輩，承先啟後，為人極勤勉，案牘勞形、無間寒暑，愛國愛鄉，曾任全國軍公教警消暨退休人員聯合總會副總會長，展抱長青聯誼協會第一屆候補理事、第二屆理事、第三、四屆常務理事、第五屆理事，臺北福州十邑同鄉會理事長、福建同鄉會理事長、全國各省福建同鄉總會副總會長，長年協助會務推展。

蔣啟弼樂善好施，經常慷慨解囊，無私奉獻，宏觀國際視野，協助福建及臺灣兩岸鄉親，力促民間文化交流，訏謨敷顯，克敦睦誼。成立連江縣又溪獎學金基金會，年年頒發又溪獎學金，多年來造橋鋪路、行善布施、捐款賑災，不勝枚舉，志績盛業，丹青千古。

擔任臺北福州十邑同鄉會理事長，參與民間社團，贊助會務及修繕會所，出版《世界福州通訊季刊》編纂《福州通誌》數額以百萬圓、千萬圓計，對於民間社團及社會穩定助益宏大，可謂功在黨國，實至名歸。

更在七、八十高齡時，將多年來演唱的歌謠燒錄成休閒唱片，分贈同好，其樂善好施與終身學習之精神，令人感佩，多才興業積功、多藝之風采，令人讚嘆，可為後進之表率，筆者謹訴蔣啟弼生平，以茲後人懷念。

愛鄉愛土；低調的積善之家

蔣啟弼，出身福建連江東岱鎮，為里中望族，曾祖父蔣詩和習中醫、祖母習西醫，義診衛教，濟弱扶貧，鄉人敬重，薦舉為地方士紳耆老。

蔣啟弼自幼甚得親族愛護，關懷備至。臺灣光復，隨父母離鄉，奉派駐臺，隨後政府實施戒嚴令，兩岸展開長期對峙。

瀟灑一生；縱橫考場也無懼

蔣啟弼求學以來，聰穎明悟，機敏樸練，就讀復興高中（臺灣省立復興高級中學）期間，品學兼優，獨占鰲頭，從未考過第二名，同儕無人出其右。

高中畢業，入省立法商學院法律系（國立中興大學）就讀，蔣啟弼選讀該科系，本於心中正義，希望日後在法界服務，幫助弱勢伸張正義。

大學畢業，蔣啟弼參加軍官訓練，加入海軍陸戰隊，隨陸戰第一師駐紮高雄左營，克盡整備操練重責，捍衛家國。

關關雎鳩；八年長跑的姻緣

民國五十三年（一九六四）九月十八日，蔣啟弼與妻子郭淑惠締結良緣，夫妻恩愛數十年，育有一子一女各有專長，社會中堅，成就非凡。另有長孫蔣禮翰，俊秀乖巧，每逢佳節，闔家團聚，幸福和樂，四鄰欽羨。

蔣啟弼與郭淑惠係高中（臺灣省立復興高級中學）同學，彼時訓育組長需審核學生郵件，郭淑惠檢查全校女生信件，蔣啟弼檢查男生信件，因此結緣，蔣啟弼利用課餘，替郭淑惠及其他同學補習物理、化學等科目。

兩人多有交集，漸生思慕，高中三年、大學四年，愛情長跑八年。當年，眷村生活普遍較不寬裕，蔣啟弼與郭淑惠夫妻不依靠娘家，在簡樸的條件下，同心持家，辛勤工作。

一線教育工作者

五年教職；滿城桃李沐春風

退伍之初，蔣啟弼有意袪衣受業，出國進修，蒙舅舅邱人璋教授舉薦，赴西螺農校（今國立西螺高級農工職業學校）服務，無奈莊校長愛才，屢受重用，志不在此，又難推辭，最後以太太郭淑惠懷有身孕，不慎摔跤，需要照顧，終於返回臺北。

民國五十四年（一九六五）蔣啟弼在淡水工商管理專科學校（今私立真理大學）任教，能力出眾，頗受肯定，教務處以教務主任之禮聘之，同一時間，彭淑媛校長亦大力延攬蔣啟弼，擔任校長秘書，協助校務運作。

蔣啟弼在淡水工商服務，太太郭淑惠在淡水工商及稻江商職兼任教師（今私立稻江高級商業職業學校），夫妻為貼補家用，在日、夜間部兼課，夙興夜寐，無不以生計為先，期間，孩子們先後來到這個家。

第一胎長女佩琪出生，遭遇難產，必須剖腹生產，當年沒有健保，病房、手術全額自費，需八千多圓，夫妻月薪僅兩千多圓，太太郭淑惠，不讓娘家人知道，私下變賣嫁妝首飾，用以支付醫療費用。生活雖不寬裕，貴在夫妻戮力齊心。

四年後，第二胎長子後元出生，蔣啟弼在展抱山莊受訓，家中裡裡外外全憑太太郭淑惠一人張羅，撫養姊弟倆，不免艱難，開支漸重。但太太從來不說自己有多難，勤儉刻苦，相夫教子，碩德懿行。孩子沒有讓母親失望，求學積極，或是在海外取得學位，或是相繼成家立業，一有假日，便全家出遊。此一時期為全家人最快樂的時光，相伴相持，和樂融融。

調查局受訓；獨木難支的艱辛

教職因其特殊性和封閉性，對蔣啟弼而言，頗有埋沒，難以施展之感，公余靜思，遠圖長慮，遂投考調查局，一展身手。

民國五十七年（一九六八）蔣啟弼通過調查局調查人員特考，名列榜首，隨即進入展抱山莊訓練八個月，以第一名的成績結業，並參與司法行政部（今法務部）調查局安全官特種考試，繼續蟬聯榜首，以薦任十二級任用。在同學、同鄉、同仁口中非常出名，是讚譽有加的「三冠王」。

展抱山莊受訓期間，蔣啟弼僅周末返家，短暫逗留，住家位於三層公寓，經常停水，須至附近的統一飯店取水，蔣啟弼每次放假，均預先儲水備用，上顛下簸，多有不便，倒也幸福甜蜜。

當時女兒學音樂、舞蹈，兒子練小提琴，開支繁重，經濟上相當捉襟見肘。獨立持家的太太郭淑惠身兼四職，在稻江商職日間部擔任英文科兼任教師、夜間部觀光科專任導師兼任英文教師，也在淡水工商的日間部英文科兼任教師，甚至到臺大農學院昆蟲系研究所（今國立臺灣大學生物資源暨農學院昆蟲學系）任教授助理。當年昆蟲系主任萬教授，是蔣啟弼舅舅邱人璋教授同學，介紹郭淑惠去兼職，讓孩子全心學習、讓先生專注公職，如今回憶，歷歷在目，真是嘔心瀝血。

投身公門的轉折

五年公職：彭明敏流亡事件

「前總統府資政彭明敏，民國五十四年（一九六三）因發表《臺灣自救宣言》判刑八年定讞，蒙蔣公特赦，民國五十九年（一九七〇）一月二日流亡海外。」

《寫給臺灣的備忘錄：彭明敏教授文集》（彭明敏，二〇一七）

民國五十七年（一九六八）七月，蔣啟弼於調查局調查班第五期結業，受沈之岳局長重視，奉派調查局人事處服務。

當年臺灣還在聯合國擁有代表權席位，中華民國在世界各個主要邦交國，都有派駐大使，大使館內設有安全官一職，專司在我國駐外使館領館內，負責外交安全領域的護衛與執法，保護外交人員的安全勤務。

在太太郭淑惠的建議下，蔣啟弼投考安全官，期望利用派駐海外期間，可以公餘進修，取得碩、博士學位，最終順利考上安全官資格。

無奈關鍵時刻，禍從天降，彭明敏流亡事件爆發，國內媒體大肆報導，轟動一時，臺獨份子偷渡出境，調查局顏面盡失，沈之岳沈局長引咎辭職，後被慰留，局內七級地震，監視彭明敏的情報人員被收押，一級主管通通都不能倖免，司法行政部接連發佈高級主管職務異動。蔣啟弼辦事幹練，十分受調查局高層，沈之岳沈局長賞識，即將奉派前往菲律賓首都馬尼拉的中華民國駐菲律賓共和國大使館服務。

彭明敏的姊姊，知名婦產科醫學家彭淑媛，曾任淡水工商校長。蔣啟弼是彭校長秘書，事件揭露，蔣啟弼受到牽連，失去外派機會，被迫繳回機票、護照，甚至要求蔣啟弼連治裝費亦需繳回。

當時太太郭淑惠親自到調查局一位處長家拜訪，向長官解釋，處長無奈表示：「我們這個單位，一萬個人寧可冤枉九千九百九十九個人，也不能錯放一個人。」無奈時機敏感，資格必須撤銷，甚至太太郭淑惠願意用性命擔保丈夫清譽也無用。

蔣啟弼畢生奉公守法，從教、從公、從商，皆未謀一己之私，尤其此事與他完全無關，卻毫無迴旋餘地，令人咋舌。

逆風飛翔；中國文化大學三民主義研究所

失去外派機會，蔣啟弼一度受挫，心灰意冷。太太郭淑惠不放棄，不能出國進修，國內也有研究所，遂將蔣啟弼趕去調查局單身宿舍，刻苦看書，刻厲磨砥，薰沐沾溉，桃李門牆。

從小表現突出、當慣了第一名、優等生的蔣啟弼，成功背後，往往藏著一般人遠遠不及的自律和努力。外人看來，稍嫌枯燥乏味，可蔣啟弼不以為苦，果然一試中的、金榜題名，考取中國文化大學三民主義研究所。

蔣啟弼至誠上進，深得沈局長重視，安排他在人事室工作，任職期間，前任老先生積壓工作，人事室全體額外加班，堅持數月，將堆積如山的公文處理完畢，事畢之後，加班津貼唯蔣啟弼一人分文不取。同仁不解，蔣啟弼表示這是份內工作，不必介懷，廉潔自愛如斯，一生如此。

民國五十八年（一九六九）長子後元出生，太太郭淑惠剖腹住院，生產當天蔣啟弼匆匆到醫院簽字後，便回單位處理公務，公歸公，私歸私，一絲不苟，蔣啟弼公職期間，從未請假，單位主任抱怨同仁，常因家庭瑣事請假，常拿蔣啟弼當模範：「那個蔣啟弼，從來沒聽過他要請什麼假，你們這些人，哪來這麼多事情要請假！」

據太太郭淑惠回憶，並非無事，而是專業分工，子女教育、家庭瑣事，賢內助一肩扛起，讓丈夫全心工作。蔣啟弼的秉公勁直和公公蔣書訓相似，佩琪和後元，也繼承善良、正直的品格，是蔣家世代傳揚的門風。

蔣啟弼創辦大能化工，轉做實業，二十幾年的司機都說：「關係企業幾十部公司車，大家都要買新車，但蔣先生本人從沒有買過一部新車，都是二手車。」戮力為公，力行儉樸，以身作則。

蔣啟弼公務期間，隸屬臺北市稅捐處監察室，負責經濟犯罪及風紀弊案，監督財政部各地區國稅局、地方稅稽徵機關。每每有稅務人員利用職務之便，藉著核准領用發票、帳簿驗印、查稅審核機會，刁難索賄，或勾結不法、逃漏稅捐，蔣啟弼便會依涉嫌違反貪污治罪條例規定，以現行犯將稅務人員逮捕，送交法院檢察署檢察官起訴、法院審理。

蔣啟弼是稅指處監察官，稅務人員避之唯恐不及，先生在個人品行上，無可挑剔、潔身自愛，但並非拘泥迂腐，面對貪汙犯痛哭流涕，下跪求饒，只要不是嚴重舞弊，願意承諾決不再犯，也會予以自新機會。

第二章　大能化工

驚鴻一瞥又十年

實業報國；萬丈高樓平地起

蔣啟弼交遊廣闊，不少同窗派駐海外，久不相見，年節返鄉，總愛小敘一番，邀宴把酒，欣然道故，在同儕介紹下，蔣啟弼第一次接觸到氰化鈉，我國氰化鈉（Sodium Cyanide）係重工業、化學工業的主要原料，在電鍍行業，鍍銀、鍍金、鍍銅，以及製造業，如紡織品與塑膠、合成皮革製造，染料及色料製造、在製藥領域其他化學合成工業也相當普及。

氰化鈉有劇毒，因此全球僅最先進的十六個國家有能力生產，此前臺灣都是仰賴進口，深受代理商及經銷商剝削。蔣啟弼與幾個同學討論研究，若自力研發、平價供應，對臺灣重化工業發展勢必大有幫助，這群知識菁英，意氣風發，英雄聚首，志在千里。希望把握眼前的機會，成就一番事業，蔣啟弼熱愛冒險，不怕失敗，也願意共襄盛舉。

民國六十二年（一九七三）開始積極籌備，在永琦百貨公司對面，南京東路二段十一號十樓租賃辦公室，公司命名時，為求好運，遠赴彰化拜神，研究筆畫吉凶，受政府核准登記，設立大能化學工業股份有限公司。

回顧臺灣經濟史，民國六十四年（一九七五）蔣啟弼籌設大能化工時，正值二次石油危機，全球經濟衰退。我國因生產成本劇增、出口大幅下降、退出聯合國等因素，行政院院長蔣經國推動十大建設，建立自主經濟體系，同時對交通、電力、鋼鐵、石化工業，進行大規模政府投資，大能化工生產氰化鈉，對我國發展重工業、化學工業有至關重要、里程碑式的貢獻，日後臺灣經濟起飛、發展半導體產業，蔣啟弼等先賢功不可沒。

一開始，大能成立，積極準備建造氰化鈉（NaCN）之化學廠房。但首先，氰化鈉許可執照和相關證書申請不易，總經理蔣啟弼和董事長蕭家基兩人分工合作，蕭家基負責籌措資金，蔣啟弼負責政府部門，氰化物毒性極強，非一般化工原料，未取得許可證者不得製造與販賣，興建工廠，難如登天，列管毒性化學物質的管理及稽查亦令人頭疼。

固體氰化鈉屬劇毒性之嚴格管制品，若實際生產，除每年依例實地盤點外，按月尚須向臺灣省建設廳申報存量管制，並由建設廳不定期抽查，逐件盤點，核屬允當，管制極為嚴格。

從生產到運輸，層層把關，每個環節都不馬虎，當年出口業務歸臺灣省物資局（今經濟部國際貿易局）管理，從氰化鈉輸出、貨品簽發到倉儲營運，裝運前還要檢驗稽核，環環相扣、層層打通，相當繁瑣。

經過艱難的重重關卡，氰化物製造工廠的設置許可終於批准，關鍵時刻，負責資金的蕭家基，被紡織業大亨倒帳數千萬，一時自身難保，大能化工無法順利組建，頓時一籌莫展。

「他回家問我怎麼辦，沒有錢，難道再回去上班嗎？我就鼓勵他，刀山油鍋都陪他去闖。」據太太郭淑惠回憶，蔣啟弼一咬牙：「好馬不吃回頭草」，從此竭誠窮智，如過河卒子，拼命向前。

連續三年；籌措資金的使命

萬丈高樓平地起，這對夫妻自嘲，地都不知道在哪裡，一切必須重頭開始。成功遙不可及，應付每月辦公室租金、四十多位員工薪資、開支捉襟見肘，每天四處借錢，應付銀行三點半。

當時交通銀行（今兆豐國際商業銀行）係工業貸款指定專業銀行，協助輔導民營工業，融通開發計畫所需資金，蔣啟弼擬定投資計畫，申請貸款購置土地。蔣啟弼負責貸款事項，歷經三年多苦心經營，終於開始生產，大能躍居臺灣化工龍頭，獨家生產氰化鈉，此後整整十年維持不墜。

嘔心瀝血；那段被錢追著跑的日子

太太郭淑惠回憶，交銀貸款緩不濟急，批准之前，兩夫妻畢生難忘，是最為暗無天日的一段時光。先生的公司甫成立，缺乏信用、無法借款，夫妻只好以個人支票擔保，四處籌款。公司支票低息、個人支票高息，貼錢讓公司正常運轉。

土地、廠房、設備、技術、專業人才，公司正值用錢之際，每天睜眼就得花錢，卻沒有任何收入來源，借錢永遠借不完，為了蔣啟弼創業，太太郭淑惠出錢、出力、出信用、出時間。

「先生創業以前，我把自己一個人當成四個人來用，在稻江和淡水工商教課，早上下午是在日間部，晚上在夜間部，沒課的時候，還去臺大農學院昆蟲系研究所當助理，儘管這樣，賺得錢感覺永遠不夠用，剛存到一點錢，就選擇買房子，本來就不寬裕的經濟變得更加緊繃。房貸、水電和生活開銷、孩子上學和補習的費用，每個月都被錢追著跑，要四處籌錢來繳。」太太郭淑惠回憶，當時真的沒辦法，只要家裏缺錢，幾乎都是靠自己獨自週轉、苦撐。

「先生創業以後，日子更難過了，早上下午要去籌錢，無法在日間部繼續兼課，只能晚上在夜間部教書，家裏本來就不寬裕的經濟變得更加緊繃，扣掉每個月的房貸、保險、教育支出，根本沒辦法存錢，微薄薪水很難支撐生活開銷。基本學費加上才藝班補習費等每個月都入不敷出，我很樂觀，但是有的時候也不知道該怎麼辦。」太太郭淑惠回憶，雖然手頭很緊，卻從未向親戚長輩借款，當親情關係扯上利益，即使是親戚，談錢就是會傷感情。

「我和先生大學畢業後都是在學校任教皆為受薪階級，先生創業後，我幫他去找人來融資，常常聽到別人勸諫，說有多少能力，就做什麼事，不要想一步登天，或是做生意有時候會成功，但多數會破產，不要輕易冒險，大家都是一般上班族，又不是家裡有田有業，不怕賠錢就隨便出來做生意，加上當年臺灣的化工行業尚處於萌芽階段，大家一聽要做這種生意，紛紛勸我要打退堂鼓。」太太郭淑惠回憶，做生意本來就是成敗論英雄，我先生沒有成功前，大家都勸他不要做，今天如果他大賺就不一樣，不用開口，人家就會主動說要來投資。

「我自己借錢，都是找朋友、同學等很熟悉的人來融資，娘家經濟雖寬裕，但我從不回家開口要錢，怕家人擔心，一定要自己咬著牙根撐下來，直到創業成功，家人才知道我的辛苦。朋友之間知根知底，甚至有朋友願意為我擔保背書，主動介紹其他人協助我融資，我現在回想起來，當年這些肯借錢給我的人，通通都是我的大貴人。當年我們在困難時，這些借錢給我們的人，不是因為錢多，而是看到我遇到困難，想拉我一把，他們都把友情看的比金錢重要。借給我的時候，也不是為了利息，而是信任，這些願意幫忙的人，不是因為虧欠我什麼，而是真真正正地把我當成朋友。這些人，我畢生點滴在心頭。」太太郭淑惠語重心長地表示，朋友之間借錢「互幫是情分，不幫是本分」，沒有人規定朋友有借錢的義務，只是個人意願，沒什麼理所當然。

「每天家裡電話一響，婆婆會告訴我今天需要多少，讓我趕緊出去借錢，銀行三點半關門，今天的票通過了、明天的還不知怎麼辦，無論我人在哪裡，每天一到下午四點，趕緊打公共電話到公司，問支票軋過了沒有。」太太郭淑惠回憶，當時還有票據法，支票無法兌現就得坐牢服刑，生意人用老婆名義開票，使女子監獄人滿為患，甚至攜子服刑，扛罪情形嚴重，應權通變，票據法被迫廢除。一千多個漫長日子，兩夫妻天天提心吊膽，怕吃牢飯，度日如年，為事業竭心盡謀，竭力守成，交衢塗地，向日之意；何足動天。

蔣啟弼心疼太太郭淑惠四處籌錢，每天坐鎮辦公室，也四處打電話融資，經常電話一摔，沉默生悶氣，一眼即知借款不順。蔣啟弼不吃檳榔、抽菸也少，天天跑銀行三點半，偶爾抽菸舒緩，雖未言語，畢竟緊張。

事業成功後，每每提及此段艱辛歷程，蔣啟弼總是說：「零、零、零，多少個零都沒有用，得先有個壹，後面這些零才有意義。」實在感慨，確實這個從零到壹的路程，這對夫妻走得太久、太不容易，也太辛苦了，令人終身難忘，至今歷歷在目。

大能投資計畫案，經交通銀行核准，貸款批准當天，銀行經理高繁雄先生，親自致電通知，如獲大赦，蠟燭兩頭燒，首尾難兼顧的日子，終有轉機。終身難忘，恍如昨日。

放款當天，蔣啟弼包下館前路的聚豐園（今聚馥園餐廳）和全公司的同仁，大肆慶祝，喝得不省人事，徹夜未歸，彷彿人間蒸發。

隔日員工上班，看見蔣啟弼睡在辦公室沙發上，這才知道，昨晚司機見總經理醉酒，打算送蔣啟弼回家，不知道家住哪裡，蔣啟弼是總經理，為杜絕送禮、走後門等陋習，住家地址嚴格保密，防微杜漸，以正視聽，風規迭立，法炬高擎，悉力導引優良風紀。司機無奈，只得把蔣啟弼送回辦公室休息，害太太郭淑惠找了整個晚上，徹夜未眠。

取得銀行貸款後，首先向經濟部工業局申請購地，在高雄大社區興工路三號（今高雄大社石化工業區）整地建廠、添購機器設備，遠從荷蘭斯塔米卡邦碳素公司（Stamicarbon）引進專利技術，生產濃度百分之三十三之液態氰化鈉，派遣三位工程師赴荷蘭受訓，一切塵埃落定，歷時三年多，苦心不懈、時時惕勵，工廠終於正式營運。

春風得意馬蹄疾

固態氰化鈉；一舉成名天下知

氰化物，係經環保署正式列管的毒性化學物質（編號046），國內法令對氰化物的產銷管理措施，稽查嚴格，氰化物相關工廠，必須依法申報，監督生產銷售雙方，數十年來，大能化工是全國唯一氰化物生產廠商，直到今天，都沒有第二家，可見其申請和許可之難度，遠超眾人想像。

民國六十四年（一九七五）三十四歲的蔣啟弼，響應政府發展石油化學工業政策，在高雄大社石化工業區購置土地八千五百坪，建置年產一萬噸液體氰化鈉廠一座。該廠於民國六十四年四月興建，六十五年三月建廠完成，正式開工生產，為國內電鍍、塑膠、煉金等業，提供重要原料。

民國六十六年為因應市場需要，乃自力研究開發氰化鋅及固體氰化鈉兩項新產品，並於六十七年間次第建廠完成投入生產。憑藉固體氰化鈉製程，在國際化工界聲名大噪，乘時崛起，一時春風得意，打下了擴大經營、海外發展基礎。深受國際同業肯定。大能化工獨家生產固體氰化鈉，使國內化工行業，不需要再仰賴進口，成本大幅降低，產業得以深耕發展。

大能化工產能豐沛，固態氰化鈉年產高達上萬噸，除一千噸內銷外，在國際市場上，外銷量已舉足輕重，高居世界第二位。氰化鈉在國外市場主要用於冶煉黃金，以澳洲、菲律賓、南非、南美等主要產金國家為市場。為政府創下可觀的外匯收入，蔣啟弼從商後的第一炮，又響又漂亮。

改良製程；享譽國際的貢獻

大能化工自陳殊績，首推專利，享譽國際，舉凡「乙腈（CH3CN）連續式純化製程」，為世界首創，受惠者不可勝計。過去列國皆採用間歇式製程生產乙腈，連續製程之發明，裨益產能，令業界氣象一新。

乙腈（CH3CN）係極性非質子溶劑，泛用於電子及石化工業，為合成藥品之重要原料。係生產製造維他命B主原料，乙腈主要市場在美國及歐洲，目前世界生產國家不超過十家。當時世界各國皆以分離式製程生產，為求繼續發展及多角化經營，民國六十八年（一九七九）蔣啟弼儀範不凡，負笈重洋，摶心揖志，暉光日新。與旅美之華裔工程師合作，砥淬礱磨，勞身焦思，研發聯貫式乙腈連續式純化製程，籌建年產四千五百噸乙腈精煉廠一座，並於民國六十八年六月一日試車完成，投入生產。

「乙腈（CH3CN）連續式純化製程」震驚世界，至今仍是獨特技術，立足國際市場，與世界同業交流，令臺灣製造殊譽國際、四海褒揚，此家國之幸。大能化工亦一舉成為臺灣最風光的石化類上市公司，

當年中視（今中國電視公司）有一節目《歷史上的今天》專門報導足以影響世界的重大事件、以及科技界的前瞻興革，大能化工震撼全球之貢獻，亦曾被美國時代雜誌（TIME）專文報導推介。

蔣啟弼凝聚同仁團結向心，鼓舞提振士氣；鋪謀運智，厲精更始，所憑無非「尊重專業、充分授權」八字而已，御下重視，迻閱功事，賞罰公正，正色直繩，使適才適用、有心做事的人感受到成就感和榮譽感。

金屬離子封鎖劑；乙二胺四醋酸鹽（EDTA）

民國七十年，蔣先生與日本奇力斯特（CHELEST）公司結盟，生產乙二胺四醋酸鹽。EDTA是金屬離子封鎖劑，為水處理、食品業、整染業、化妝品業等不可或缺之原料。近年來世界各國環保意識抬頭，工業廢水排放標準愈形嚴峻，因而使得金屬離子封鎖劑的需求量大幅增加，大能生產之金屬離子封鎖劑乙二胺四醋酸鹽(EDTA)上市短短幾個月間，已呈供不應求之現象，主要外銷市場為日本、美國，並獲長期訂單，遠景實無限量。再者EDTA之推出除取代國內之進口市場外，更有大量之回銷日本及外銷美、加、東南等地區，此種精密化學品之發展技術水升級與進步之明證。

大能股份有限公司高雄廠自民國六十五年完成，為國產第一座液體氰化鈉廠，早期化工部門，利用中化公司丙烯腈廠（今中國化學製藥股份有限公司）所副產之氰酸為原料開始，逐項發展，達成產品多樣化，同時使品質均達國際水準，產量水準符經濟規模，誠屬不易。逐年擴建，先後興建固體氰化鈉、氰化鋅、乙腈及乙二胺四醋酸鹽（EDTA）工廠。各項產品分別供應國內外電鍍、冶礦、塑膠、溶劑及汙水處理、清潔劑等多項工業用途。

篳路藍縷，十年耕耘，大能堅強團隊不僅建立規模化的氰化鈉、乙腈、EDTA及硫酸鎳等化學工廠，還進一步跨足食品、電子、機械、金屬、水泥、造紙等產業，擁有順賢營造工程、開南甲級無限工程兩家營造廠，躋身為百億身價的上市集團。蔣啟弼重視人才培植，重視專業，入職之技術員、工程師，多認同公司文化，鮮有離職，公司專利越來越多，厚植臺灣化工產業發展，茂猷宏謨。

蔣啟弼白手起家，獨挑大樑，掌理公司，不畏失敗，勇於嘗試，屢造佳績，抱志奮翼，崢嶸有聲，識者稱其天生威儀、商才外顯，他卻經常勉勵自己正派經營，步步踏實，一刻不能輕忽。

從帶領大能創業維艱，一路衝上產業龍頭，再開枝散葉成龐大集團，蔣啟弼憑藉「誠信為本」，明敏篤學，端慎軒朗，重視信用，在不利的產業環境中，公司內部從上到下恪遵規定，礱習淬勉，青雲直上。踐履固守禦苦幹實幹之精神，鍥而不捨地攻克難關，在國際化工界茂績蜚聲。

除大能、永康兩家上司公司，蔣啟弼也投資做飼料的尚德實業上市，極盛時期，員工逾萬人，集團關係企業高達十多家。

蔣啟弼認為「取之於社會，用之於社會」，一向關懷弱勢、熱心公益，且實際付出行動，厚生惠民，體現社會正義，殫慮籌謨，計無旋踵。復長期脊注教育，資助兩岸之莘莘學子，培育優秀人才；綿密匡持臺北市福州十邑同鄉會網絡，張拓臺灣外交空間，紓籌碩畫，睦誼弘邦。

民國八十年（一九九一）連江縣莒錄鎮秀邦村兩艘漁民船，與臺灣漁民在捕撈作業中發生拖網糾紛，事後七位陸籍漁民被保七總隊拘禁。蔣啟弼聞訊之後，當即委派幹部，帶上慰問金、慰問品前往看望。也請叔叔蔣書詰攜帶書信，專程還鄉，告慰被捕漁民家屬。同時盡力與相關部門聯絡周旋，出錢出力，使陸籍漁民獲釋返鄉。

第一家電子公司；領先全臺的開創

民國七十年（一九八一）日本最早的電子通信產品生產商，衝電氣工業集團（OKI），與蔣啟弼在新竹科學工業園區（今新竹科學園區），成立大能電子（今臺灣茂矽電子股份有限公司），為全臺首家電子公司。大能是最早進駐園區的廠商之一，竭誠盡節，是OKI電腦的臺灣總代理。另外一家做積體電路的電子公司被矽品收購，便是今日華旭電子股份有限公司前身。比張忠謀的臺積電還早六年。大能電子，為電子業先驅，當年園區，一片荒蕪，什麼建設都沒有，交通銀行亦參與投資，裨增就業機會，促進當地繁榮發展。

大能冷氣；臺灣第一家分離式冷氣壓縮機製造廠

民國七十年（一九八一）四月，四十一歲的蔣啟弼，合併上堯電機工業股份有限公司，更名為大能股份有限公司，併購美國公司 FEDDERS（飛達仕）壓縮機製造廠，於臺中大甲幼獅工業區內，佔地三千坪，從事窗型冷氣冷媒壓縮機及小型中央系統冷氣機之製造與銷售，致力於新產品內外銷之拓展。臺中廠由生產冷媒壓縮機為開始，並開發生產新設計之小型中央系統冷氣機，此種機型因主機可置於室外，降低噪音，是窗型冷氣機後又一種突破性新技術。因國內生活水準日漸提高，對此具有免噪音、免水塔、免風管、不生繡、高效率等多項優勢之小型中央控制冷氣系統的需求，快速增加，銷售情形大幅成長。

機電部後又與日本大金工業株式會社（Daikin）合作，簽訂技術合作計畫，在國內生產冷氣系統及送風機，在高雄大寮大發工業區，成立中央系統冷氣壓縮機製造廠，為當年臺灣第一家分離式冷氣壓縮機製造廠。供應國內、外市場，對冷氣生產技術之提昇，有極大之貢獻。

產銷業務均能掌握先機，引進國外精密製造技術，提升國內生產水準，並以各項完整行銷策略配合，使業務成長迅速，逐年大幅提升，展望前程，潛力無窮。

臺灣鎳業；臺灣唯一鎳金屬精煉工廠

民國七十一年（一九八二）蔣啟弼與加拿大VALE INCO公司合資成立臺灣鎳業，是當時臺灣唯一鎳金屬精煉工廠。鎳是不銹鋼的主要原料，以前都仰賴進口，加拿大的這家INCO公司，是全球礦業巨頭，世界上最大的鎳礦生產重鎮，以及全球第一大鎳供應商。

對方赴臺，交通銀行居中洽詢合作對象，時任總經理孫義宣，也是後來的臺灣銀行第十二任總裁，找來七家公司洽談合作，蔣啟弼獲邀列席，最後INCO公司選擇大能化工，對方表示，其他六家談來談去，都是談錢，只有蔣啟弼，暢談志濟，德厚流光，德洋澤普，最終雀屏中選。

蔣啟弼，與加拿大 Vale Inco 公司，在高雄大寮大發工業區合資成立臺灣鎳業，INCO 提供氧化鎳原料，臺灣鎳業負責提煉純鎳供應國內的特殊鋼業者，至今是臺灣唯一的鎳金屬精煉廠商。

開採深海珊瑚；珊瑚屏風

一九八〇年代左右，是臺灣珊瑚漁業的全盛時期，當時全球市面上所販賣的寶石珊瑚，有八成，都是臺灣出口，當時，蔣啟弼跟全世界最大、最專業的海底工程公司，法國康邁克斯公司（Comex）合作，在蘭嶼外海水深兩、三百公尺的海底，用潛水艇開採珊瑚礁，其中有一枝珊瑚重達壹拾多公斤。

大能機電：臺灣唯一汽車冷凝器散熱片工廠

大能機電部配合政府發展汽車工業政策，逐步研究發展製造汽車冷氣及配件，興建楊梅汽車冷凝器散熱片工廠，於桃園縣楊梅鎮幼獅工業區幼一路十號，年產十萬片之全鋁製造之汽車用冷凝器散熱片，採用創新之鰭片自動熱焊法，因全鋁製造，符合汽車省油輕量化需要，極具技術突破優點。市場前途實不可限量。

此項產品高度仰賴國外進口，因此興建國內唯一之生產工廠，產量可充分供應國內需要公司之產品，均循合理之發展關鍵，由於品質優越，售價便宜，短期內將可取代所有進口產品，逐步成長，不但擁有新式設備及進步技術，其工作人員多係技術及管理方面之專才，年輕進取，努力不懈，難能可貴，發展潛力驚人。

一朝看盡長安花

春秋正盛；美國矽谷買銀行

「企業的鐵三角，即工廠、貿易、銀行。」蔣啟弼的經營哲學正直誠謹，注重集團化經營，以及汲引前瞻科技應用，當年臺銀、交銀及中國商銀，皆老字號銀行。大能業務張拓國際，迴籌布策，秉力宣勤。蔣啟弼深切體會海外貿易，需外商銀行多元合作，助外貿業務之推展，多方奔走努力，最終決意，累足成步，到美國加州矽谷購買銀行。

眼皮最重；親歷生死時刻

民國七十二年（一九八三）大能集團甚為風光，出口臺灣的精良化工產品，厚植國家經濟永續榮景，茂猷盛績，惠及桑梓，悉力釐弊籌謀，無奈遭人設計謀害，遽聞黨政高層權貴，放話要接收蔣啟弼在臺灣所有產業，打算收歸己有。

當時，蔣啟弼在美國陪家人歡度聖誕、新年假期，權貴掌握消息，派遣不法份子潛美，禁止蔣啟弼返臺，如有不從，取全家性命。蔣啟弼自然不願意，明若觀火，暗中運作，秘密返回臺灣。

蔣啟弼放棄搭乘原本預訂之返程機票，暗地由太太郭淑惠重新購票，前往洛杉磯機場，盡速返回臺灣，入險出夷，計無旋踵，嗣機輾轉返臺。

對方威脅，若蔣啟弼回臺，要株連全家。看著飛機遁入雲層，使至於此，若欲盡誅之，在美家人頓感四面楚歌、敵暗我明，周圍盡是埋伏。

當時精神緊繃，一周未曾闔眼，精神緊繃，臺灣臺北的時間比美國加州快十五個小時，蔣啟弼只得利用深夜，和臺灣方面聯繫，坐運擄策；企圖消弭、阻遏不法犯罪。太太郭淑惠白天接送不知情的孩子上學下課，亦需管理美國分公司日常業務，下班還要相夫教子，超市買菜，陪做功課，下廚煮飯、照料家人。

精神上的緊繃支撐著太太郭淑惠，載著蔣啟弼到洛杉磯機場，回程精神疲弊，昏昏欲睡，為盡快返家，不停用指甲扎手，保持清醒，但累積一周的睡眠不足彷彿萬斤山岳，將眼皮吞沒、壓垮。

終於平安返家，車停在大門口，顧不得開回車庫，便趕緊接聽電話，臺北公司打來找蔣先生接電話，太太郭淑惠心生一計，告訴對方，蔣啟弼被同學接去打麻將，麻將一打十幾個鐘頭，足夠蔣啟弼返臺，收拾善後。這些人與權貴勾結，對方為了奪權，栽贓蔣先生簽證過期是潛逃美國的經濟犯，架空公司，身經險惡。

對方不死心，追問該同學電話號碼，只得回應對方來得倉促，並未留下電話號碼，蔣啟弼打完牌回來一定回撥電話，對方這才放下戒心。

幾年之後，太太郭淑惠整理住家，在臥房床底下，覓得防彈背心乙件，相當沉重，這才得知，這便是蔣啟弼當時回臺，前立法委員林炳康，帶著一團人去機場接機，特意準備的防彈背心，才知道事態嚴重，太太和孩子生命受到嚴重威脅。後來蔣啟弼經友人介紹，請四海幫的創幫大老蔡冠倫與對方竹聯幫勢力斡旋，保障一家妻小的性命安全。

如今當局與媒體總誣陷蔣先生與幫派勾結，實際上，蔣先生畢生為人正直慷慨，樂善好施，從未做不法之事。

金融危機；措手不及的轉折

蔣啟弼一心一意做實業，敏率惇篤，待人大方，凡事充份授權，讓下面的人有很大的發揮空間。蔣啟弼的用人之道是事業成功的關鍵，亦雙面刃，是導致事業下坡，溘然凋隕的重要轉折。

經濟危機；從事業低谷到成功轉型

蔣啟弼對員工掏心掏肺，重視集團卓異青年秀彥，構築幹部養成輔導之機制，卻多次遭遇設局欺騙，力盡無功，猶半路相失，不知何往。

民國七十三年（一九八四）適逢石化業景氣低迷，外商銀行拒絕放款，抽回銀根，有心人居中破壞，大廈將傾，兵敗如山倒，究其原因，擴張太快，膨脹過度，肇生財務危機，最終艱困重整。母公司業務如常，關係企業順賢營造經營不善，卻未警覺，沒有進行經營風險分散策略，導致連帶危機。

隔一年，民國七十四年（一九八五）十信案爆發，當年臺灣首富，國泰蔡家第二代蔡辰洲，挪用國泰數十億圓存款投資地產、炒股票，經濟不景氣，周轉不靈，引發金融風暴，刑期達六百七十年，大哥蔡辰男費時二十多年才清償掉上百億的債務。

面臨窘境，大能集團存續岌岌可危，蔣啟弼念及，不能讓全臺灣唯一的氰化物基地關廠歇業，不願看著親自建立的工廠鏽蝕報廢、多年辛勞工作的員工失去生計，不顧個人榮辱，將賴以起家的高雄廠承租予元際公司，最後公司結束，財務清算，元際公司也順利標得高雄廠所有產權。

蔣啟弼審時應務，謨慮運帷，潛心精實組織再造，培養一群以畢生心血投入化工界的專業團隊。大能研發的乙腈純化技術，至今哺育著行業後進。志行氣節，享譽國際，黽勉激奮，當引以自豪。

第三章　爐灶再起

林泉樂道任遨遊

全臺首創；合家歡世界環球渡假俱樂部

蔣啟弼曾遠赴夏威夷參加世界華商大會（World Chinese Entrepreneurs Convention）商務論壇與會者，均為全球頂級的工商界華僑，結識一位夏威夷銀行女總裁，提到 Timeshare 分時共享的概念，執念懸耿，事不宜遲，回國立即派遣幹部赴全世界擁有三千八百家結盟渡假村的 RCI（國際分時渡假產業租賃聯盟）實際體驗。

Timeshare 分時渡假，指渡假村的擁有者向消費者出售地產的使用契約，消費者為了獲得分時渡假帶來的環球旅行的好處，預先向渡假村擁有者購買住宿權，會員也可與國內外有結盟的渡假村進行住宿交換，可以到世界各地，體驗各國渡假村。

蔣啟弼聰明仁智，有心投資渡假村，未敢輕動，當乘間圖之，後係民國六十八年（一九七九）中正國際機場啟用，旅遊市場蓬勃發展，出國人次屢創新高，訂房率居高不下，自助旅行者比例也大幅增加。

不同早期國人旅遊，多走馬看花，蔣啟弼想經營可真正放鬆、樂活式的休閒旅遊，當年，深度旅遊觀念新穎，臺灣尚未實施周休二日制度，邀請民眾一次拿出大筆金額，投資未來二十年旅遊計畫，相當罕見。蔣啟弼投資實業，識見屢標、計深慮遠，實效觀成、遠超常人。

蔣啟弼的合家歡世界環球渡假俱樂部，是國內最早最大，也是唯一和ＲＣＩ

合作的會員制渡假俱樂部，設立之初，在全省各地觀光風景區置地，陸續在國內各知名觀光勝地興建渡假飯店，供會員前往渡假。

民國七十三年（一九八四）蔣啟弼於臺北市安和路一段二十七號的大能通商大樓（今安敦國際大樓）成立合家歡城市俱樂部，申請RCI（國際分時渡假產業租賃聯盟）交換平臺合作，汲取其豐富經營經驗，及遍布世界各地的渡假景點，藉其大量的分時渡假會員人數，吸引更多國外旅客。

民國七十六年（一九八七）RCI派人來臺審核，給予合家歡合格認證。渡假村內軟、硬體設備皆國際標準，僅電腦設備便耗資一千三百萬。蔣啟弼的合家歡是臺灣唯一和RCI結盟的渡假俱樂部。蔣啟弼加入全球聞名的RCI全球渡假網絡系統，當時全世界有三千八百家結盟RCI渡假村，合家歡的會員除了國內的渡假村景點外，還可以到全世界的RCI據點旅遊，享受折扣，四海之內，無處不是渡假旅遊的好去處，物超所值。

合家歡的代表作，是風靡一時的新店燕子湖大飯店，富麗堂皇的裝潢、特殊造型的泳池，民國七十八年（一九八九）落成，七百多坪，三十四間客房，其他還有臺北城市俱樂部、鯉魚潭渡假飯店、臺中城市俱樂部、知本渡假俱樂部、四重溪渡假俱樂部、船帆石渡假俱樂部。

合家歡十周年，秉持優質服務，陸續與觀光名勝飯店結盟，供會員渡假遊憩，如新竹青草湖煙波飯店，當時，太太郭淑惠從監察人轉任合家歡總裁，首先邀請新竹煙波大飯店（煙波國際觀光集團）結盟，使合家歡會員享有煙波的住房優惠、專人服務，僅需酌收數百圓清潔費，煙波的會員到合家歡旗下飯店，享同樣優惠，會員共享舒適旅宿空間。

僅只要求煙波在戶外迎賓旗桿上，懸掛合家歡俱樂部的旗幟、check in（辦理入住）的櫃檯後方，擺上合家歡俱樂部專屬logo，象徵結盟關係。

不只煙波，世新會館、礁溪陽光假期飯店、深坑新翠谷休閒中心、鹿谷小溪頭渡假區、臺中中盟飯店、臺南走馬瀨觀光農場，合家歡會員入住，只要數百圓清潔費，就可享受奢華飯店的服務。投資渡假村，三、五年需大興土木，或新增設施、或裝潢整修，滿足舊會員、吸引新會員，否則，軟、硬體設施隨時間老舊，遭舊會員垢病，招收新會員困難，致財務赤字，咬牙苦撐二十年，最終逐一停業。

幾分情懷幾分憂

西進大陸；真金不怕火煉

民國八十一年（一九九二），鄧小平南巡，提出了「對內改革、對外開放」、「解放思想、實事求是」的理論，開始實施一系列以經濟為主的改革措施，改革開放正式確立為中國的基本國策。

蔣啟弼在臺灣，經多年經營，不但曾擁有三家上市企業，並且在臺灣首創世界級的連鎖分時渡假酒店，造成轟動，在當時是全臺灣會員數最多的企業。縱然在臺灣建立了自己的商業王國，蔣啟弼心中卻一直有個牽掛，想念家鄉，要響應鄧小平的改革開放政策。

澤被學子；教育建設

蔣啟弼捐資四十萬人民幣，在東岱鎮中學（今福州市連江縣東岱中學）建立五層教學實驗大樓，為該校最高的教學大樓。時任連江縣長的葉家松，為了感謝蔣啟弼支持家鄉教育事業，惠及學子及教育大業，教學大樓落成啟用時，親自撰寫邀請函，邀請蔣啟弼回家鄉剪綵，共敘鄉誼。

蔣啟弼欣然受邀，一九九二年八月二十八日，實業有成的他踏上闊別四十四年的故鄉土地，便沉浸在濃濃的鄉情溫馨之中，在金鳳大酒店門前，在東岱鎮鎮口，在中學門前，人們一次次夾道歡迎，學樓落成慶典，由蔣啟弼親自命名為「書訓學樓」紀念父親蔣書訓。

典禮後，連江縣人民政府宴請蔣啟弼夫婦，縣委、縣人大、縣政府和縣政協的領導均到場祝賀，葉家松縣長就坐在他旁邊。席中兩人相敘甚歡；席散仍促膝談心，直至深夜。

投資建成東岱中學科學實驗樓兩年後，蔣啟弼聽聞連江一中教學顯譽，每年絕大部分高中畢業生考入各類高等學府，為國家培養了很多優秀人才，十分欣喜，有意為學校添磚加瓦。連一中七十周年校慶，蔣啟弼從臺灣寄來賀詞：「作育英才，造福桑梓」捐資七十萬元興建科學大樓。

百年大計：又溪獎學金

蔣啟弼愛讀書，從商之前，曾任數年教師，重視教育發展。在企業周遭的貴安小學成立教育基金，捐贈空調、食品之外；不僅如此，每年捐贈又溪獎學金，數十年來如一日、從未間斷。

又溪獎學金早期僅獎勵在臺連江學子，一九九三年，蔣啟弼捐資二十五萬元給基金會，臺北市連江同鄉會會接管這項基金委託縣政協成立又溪獎學金評委會，每年撥款獎勵家鄉成績優異的升學學生及師範院校錄取的優秀學生。

「十年獎勵，二十年芬芳」，三十多年的歲月，已經幫助了數以千計優秀的學生完成升學的夢想，蔣啟弼經常對身邊的同仁說：『苦不能苦孩子、窮不能窮教育』，當地百姓無不交口稱讚。如今，又溪獎學金，已成為眾多學生追求成功的動力，因而備受家鄉社會關注和民眾的褒揚，十分感激蔣啟弼等旅臺鄉親的愛心奉獻，又溪獎學金率先垂範三十年，有連江諾貝爾之美譽。

建設家鄉；實業投資

回到家鄉之後，看到的景象讓蔣啟弼一則以憂、一則以喜，憂的是他發現家鄉的開發落後，很多孩子甚至連書都讀不上；喜的是自己在臺灣的創業經驗，可以與家鄉的發展需求結合。

於是蔣啟弼召集團隊進行專案計畫，陸續在家鄉投資興辦了五個公司，組建了安通集團，總投資五千萬美元。民國八十一年（一九九二）九月，蔣啟弼創立福建連江桃園體育有限公司，註冊資本十億日圓。開回鄉投資的臺灣同胞之先河，推動在地建設。

蔣啟弼發願振興家鄉，需要指標性建築，推動產業升級，因此投資三億興建溫泉高爾夫球場，使家鄉擁有了世界水準的旅遊服務業項目。

投資三千萬圓，在縣府大樓（福建省福州市連江縣政府）附近闢建大型購物商場「安通廣場」，該大樓為連江第一棟有電梯的商業大樓，當年號稱全連江最大的招商案，是集美食、休閒、娛樂、購物一體的商業綜合體，是連江縣指標性的購物中心。

連江安通廣場系臺商獨資企業。大樓位於連江縣政府大門東側的最繁華的中心地區。批准經營範圍：商場、賓館、桑拿浴、卡拉ＯＫ、舞廳、餐飲廳、兒童娛樂中心等。

安通廣場由臺灣名設計師設計的，一流的建築規劃、商貿規劃、休閒規劃及安全管理規劃，設一級的消防措施，配充足的電源，全用中央空調，商場有中亭配一部電扶梯，有二部電梯，前面三層，後面十一層（含地下室），是連江縣最新穎、最高檔、最全面的綜合性大樓。一九九六年工程竣工，一、二層為商場，三、四層是桑拿浴、餐廳、舞廳，五、六、七層開賓館，八、九、十層為辦公室，繁榮連江市場經濟。連江落後，處處平房，臺商赴陸，首選城市，如北京上海，蔣啟弼跑到連江蓋樓，不顧當地消費水平，眾人不解，如今連江，處處華廈。

民國八十二年（一九九三）蔣啟弼得知家鄉空有石材資源，但苦於沒有先進的設備和技術，馬上呼應縣裡開發琯頭投資區的要求，在琯頭鎮設立福州安通石材廠，投資兩千八百萬，建起了佔地一百二十畝，設備和技術都是一流的石材加工廠，開發花崗石資源。工廠已建成厚板車間一座；薄板車間一座；物資倉庫和辦公樓、職工宿舍、食堂等一幢；電房、成品倉庫一座；還有廠區道路、料場、衛生間等配套設施。在生產設備上已配有厚板生產線一套（國內生產）、薄板生產線一條（國內生產）。

民國八十四年（一九九五）蔣啟弼在浦口鎮官嶺村，建立連江安和水產養殖場，投入資金兩千五百萬圓，修築三公里長堤一條，高一千五百公尺，圍墾三百餘畝，培育花蛤種苗，促產業升級。

結緣習近平主席；護佑鄉親的堤壩

走進貴安村，每每家鄉耆老提到蔣啟弼，不光是他蓋了球場，也不光是當貴安還是默默無聞、交通不便的小村莊時，球場提供村裡家家戶戶的就業機會，大家最記得的，反倒是蔣先生修橋鋪路的事蹟。

民國八十一年（一九九二）蔣啟弼決定返鄉投資，當年在福州擔任中共市委書記、市人大常委會主任的習近平先生，建議蔣啟弼在故鄉福州市貴安地區的敖江支流，興建一座防洪堤壩。

蔣啟弼請工程人員勘查之後，聘請當年鐵道部的工兵團，臨河較低窪的部分興建一條三公里長、十公尺高的防洪堤壩。防洪堤近六千萬人民幣的費用，二話不說，全額支付，這條防洪堤建好的三十年來，貴安村民不再因為氾濫的災情而犯愁。

貴安地區水患連年，颱風季節，暴雨強風，輕則災損，重則殞命，村民總是提心吊膽，時常有人因鼇江河水氾濫而喪命。防洪堤壩建成，不再淹水，當地鄉民，無人不感激涕零，此大型水利工程，應由政府修建，但耗資巨億，難以開工，蔣先生真是愛鄉愛土，功德無量。

當年，福州球場，一片泥濘，蔣啟弼投資三億人民幣，愚公移山，圍了一千多畝土地，動用數百萬方砂石、土方回填、上萬植被，蓋出美輪美奐的溫泉高爾夫球場。

如果只蓋球場，應考量成本、因地制宜，而蔣啟弼在連江建設球場，比武夷山等自然條件較好的地點，依山而建高爾夫球場，成本多了何止數倍，填江築堤，商業賠本，卻能治水，造福鄉親。

移山築堤，項目浩大，工序繁瑣，持續六年，沙洲綠化，即席近平主席所謂「青山綠水，就是金山銀山」，現已成為兩百多種鳥類的棲息地。留住了青山綠水，吸引了來自全國各行各業的精英人士，讓世界看到蔣啟弼的家鄉連江，這座球場，號稱福州後花園，是福建休閒旅遊的一張最美的明信片。

前世今生：福州溫泉高爾夫球俱樂部

「這不能稱是一個企業，而是一項志業，本人衷心希望能替好山好水的故鄉，打造一個名揚遐跡、流芳百世的基業。」蔣啟弼於民國八十一年（一九九二）斥資近三億人民幣，在連江貴安投資興建「福州溫泉高爾夫球場」，球場的興建不但帶動連江的繁榮，也為連江帶來就業機會，為連江帶來稅收，可以說功在連江。

民國八十七年（一九九八）歷時六年精心打造，福州溫泉高爾夫球場，正式開幕，迎來了第一批球客。溫泉高爾夫球場是蔣啟弼的精心之作，足足一百二十公頃，國際建築設計大師加藤嘉一精心規劃，是十八洞、七十二桿國際標準球場，總長度約七千多碼，相當高難度。

球場利用敖江中的沙洲圍堤三千三百多米築建而成，在荒蕪的島洲，猶如移山填海般，變出一座世界級的國際標準球場，真可謂天造地設。青山環抱，綠水相映，既依傍著清湖見底的敖江，場內又有內河貫通，大小湖池星羅棋佈，水鳥在江湖上翱翔，放眼望去，美不勝收。

還有溫泉供遊人享用，無愧世外桃源之美譽！人們一見球場就心曠神怡，更不用說徜徉其中。這座溫泉高爾夫球場，是蔣啟弼的驕傲，是他投資所有實業中最重要的代表作之一，位於福州國家森林公園附近，景緻優美，湖光山色相映成趣、宛如人間仙境，連續多年被相關單位評比為全國排名前幾名的高爾夫球場，吸引世界各國的外商前來福州投資旅遊。賈慶林、吳儀前副總理等國家領導人到球場揮桿，讚不絕口，美日韓等外國球友也都交口讚賞：「這麼美的球場真是世上罕見！」國家體育總局領導曾兩度蒞場視察，認為它是全國最佳球場之一，可列入國際高爾夫賽區。名聲大噪，吸引了全球許多的高爾夫愛好者，不但被新浪網和中國高爾夫雜誌評為全國上榜，更被雲高高爾夫全國球友票選為最喜愛的高爾夫球場全國第二名，多年來全世界包括臺灣、日本、韓國、新加坡等地的球友，都是這裡的常客。

福州球場擁有數千位尊貴會員，與全球五十多家高爾夫俱樂部結盟，是PGA的指定球場，經常舉行各行商界精英的賽事，大大提升連江縣的聲譽，成為家鄉的一張瑰麗名片。由於它的建成，前來開發建設的項目越來越多，使這裡成為福州著名的旅遊文化綜合區，名符其實的省會後花園。

蔣啟弼的女兒蔣佩琪接下父親的志業後，勤勤懇懇，十分投入，將球場經營有聲有色，是福州當地著名女性企業家，是福州市臺商協會會長、福州市臺胞投資企業協會會長。

貫穿北中南；桃園復興鄉、臺中霧峰和高雄田寮

民國七十七年（一九八八）臺股狂飆，經濟快速成長，呂良煥、謝敏男，在世界高壇，嶄露頭角，成績輝煌，被世界球壇譽為亞洲高爾夫王國，高爾夫球運動風靡全臺，高球練習場如雨後春筍般申請設立。

蔣啟弼欲闢建球場，推廣高球，大舉圈地，在臺中霧峰向有「中霸天」之稱的長億集團（今長億關係企業）總裁楊天生，買下月眉育樂世界旗下的跑馬場土地，也在高雄田寮和桃園復興鄉購置大筆土地。

為闢建球場，蔣啟弼在桃園復興鄉取得四百多公頃的土地，依法取得建築執照，空照圖、整體規劃、細部規劃，請來國際專家，日本青木建設（今青木あす

なろ建設株式会社）設計，納入五千戶長照機構、相關房舍、球場教堂，僅建築模型便有十幾坪。

蔣啟弼食祿明恩，常思報國，倒篋傾囊，扶世惠眾。發願蓋世界第一流之國際級球場，特地聘請日本的青木建設，同時在北、中、南三地動工，讓全臺鄉親走到哪打到哪，甚至出資兩千五百萬，聘請臺灣職業高爾夫運動員呂良煥擔任最高顧問，無奈受小白球亡國論波及，被迫停工，前功盡棄。

民國八十年（一九九一）時任環保署長（行政院環境保護署）趙少康，堅稱球場破壞生態，已核准的數座球場停工審查，復工遙遙無期。

趙署長以日本「高爾夫球亡國論」為例，稱高球運動僅滿足少數人使用，卻佔有廣大的休閒空間，在他任內，凍結一切高爾夫球場開發申請。

蔣啟弼的球場建設計畫亦受波及，高球運動何其無辜，不應被汙名化，更重要的，過度限制土地開發，不利產業轉型、經濟發展，實際上，高球是一項列入奧運的國際運動，上綱上線、危言聳聽，實在無益。

球場施工，標準嚴格，業者們亦竭盡所能，兼顧水土保持，施工慎重，公共福祉、環境品質，歡迎各界檢驗，蔣啟弼興建球場，不破壞當地生態、不衝擊現有物種，以符合國內現行環保法令規定，一切依法開發。

遵守我國高爾夫球場管理規則，地下灌溉排水系統、沉砂滯洪設施工程，皆工程浩大、長慮遠謨，胸臆自出，每座果嶺，均有堅實路基和排水層，被迫停工，執念孤懸，最終前功盡棄，可惜可嘆。

榮華盡處是家鄉

修橋鋪路；熱心慈善的實業家

蔣啟弼與蔣佩琪，這對父女積極支持家鄉公益慈善事業，在生態環境建設、抗震救災、扶危濟困、抗擊疫情等方面貢獻出自己的力量。

先後多次捐錢給潘渡鄉長沙村進行地方道路橋樑的建設，希望透過基礎條件的改善，讓地方發展可以上軌道；琯頭投資區剛剛設立，蔣啟弼也捐出三十多畝地來修築一條大路，促進地方交通發展，貴安村民多次提送表揚，蔣啟弼個性低調，總是婉拒，他認為光宗耀祖是本分，不希望將光環放在自己身上，多年來，凡是給家鄉承諾的事情，無一件不兌現，一心一意想著辦實事、辦好事，贏了鄉人信賴，也贏得社會讚譽。

臺灣知名企業中華汽車在大陸尋找投資基地，蔣啟弼知道之後大力推動，希望可以促成投資計畫在連江落地，他出資邀請中華汽車投資決策人到連江進行實地考察，讓臺灣中華汽車主管實際感受到連江投資的優點。雖然最後因多方因素影響了項目未能在家鄉落地，但是參與的人員都深刻感受到蔣啟弼對家鄉發展火熱的心。蔣啟弼時刻關注著家鄉的發展，總想著把創業的艱辛留給自己，把成功的喜悅奉獻給故鄉百姓。

民國九十七年（二〇〇八）四川汶川地震、民國一百年（二〇一一）雲南盈江地震，第一時間，捐資捐物，支持災民，協助重建。

民國一一〇年（二〇一一）新冠疫情，得知連江急需醫療物資，蔣佩琪第一時間籌集十五萬雙醫療手套，三日之內緊急運抵連江，站上抗疫第一線，支持家鄉醫護人員。

第四章　萬年香火

代代相承的使命

重修蔣氏祖祠；蔣啟弼家譜

據《圓和姓纂》記載，蔣氏為姬姓，出自周王族，乃周公旦第三子伯齡之後，在當今姓氏排行上名列第四十三位，屬於大姓系列，先生為湖南長沙蔣氏之後世子孫，先祖為貴州省六盤水市水城縣人，蔣氏一族字輩：「孝悌承先德，詩書啟後禮，賢才隨國瑞，世捷正廷英。」

蔣書訓為書字輩，蔣啟弼為啟字輩，長子蔣後元為後字輩，孫子蔣禮翰是禮字輩。回鄉投資後，蔣啟弼重修蔣氏祖祠，美命美負，恩及鄉閭。蔣氏宗祠於故鄉曉澳鎮長沙村復建竣工後，時任縣委書記張天金，感於蔣氏對家鄉之投資貢獻，特於該落成典禮後，在縣政府親自頒贈「投資興業強縣惠民」區額一方與蔣氏，以示崇德報功之至意。

不僅如此，蔣啟弼還在東岱鎮中心街道，捐建「臺胞服務中心」，該中心目前規劃為「老人活動中心」及「臺胞服務中心」，蔣啟弼善行不但惠及老人，也不忘在連江的臺胞，仁心義舉令人動容。蔣啟弼亦在連江長沙捐建運動公園，連江人民相當感激，立碑紀念蔣先生義行。

雲南地震，蔣先生在福州溫泉高爾夫球場舉辦球賽，以當天收入，再加上全體員工捐出一日所得，合計二十萬人民幣，匯到雲南省政府轉撥至災區救災，蔣先生仁心義行，光大母縣光輝，急公好義感動天地。

慈孝傳家、承恩善行：蔣啟弼國學館成立

二〇二三年九月三十日，連江一中舉行建校一百周年暨教學成果展示活動，連江縣委副書記、縣長高雙成，連江縣委常委、宣傳部部長鄭東平，連江縣教育工委書記、教育局局長張宗挺，以及相關部門領導均到場恭賀。

當天最重要的活動之一，便是「蔣啟弼國學館」揭牌儀式，為祝連江一中建校百年，連江一中校友會和福州市臺胞投資企業協會會長蔣佩琪共同捐資建設「蔣啟弼國學館」，連江一中校長鄭鋒主持儀式，向出席儀式的領導、來賓表示熱烈的歡迎，在縣委縣政府領導、連江一中集團校長及在場師生見證下，由蔣先生家屬，福州市臺胞投資企業協會會長蔣佩琪，福州十邑同鄉會理事長郭淑惠一

同拉動大紅綢布，為「蔣啟弼國學館」揭牌。

紅綢揭落，禮炮齊鳴，掌聲不絕，氣氛熱烈。為感謝蔣先生多年挹注又溪獎學金，對福州家鄉的教育，以及連江一中辦學的全力支持，當地最高行政機關，福建省人民政府高度肯定蔣先生以實際行動踐行地方教育的奉獻，特頒「樂育英才」匾額，予國學館內，紀念蔣先生的善行義舉。

畢生楷模：邱人璋教授

蔣啟弼曾祖父蔣詩和先生是中醫、祖母是西醫，外公邱吉士先生，是邱人璋教授的父親，福建連江曉澳鎮人，保定軍官學校第三期，革命、北伐、剿共、抗戰，無役不予，一路從少尉升至將軍。

邱人璋教授原籍福建連江縣，生於民國十一年農曆八月二十二日，早年適逢戰亂，原有意投考軍校，從戎報國，但大病拖累，錯過時機，只好於三十二年考入福建農林大學。民國三十七年，邱人璋教授畢業後，中興大學植病系羅清澤主任聘請他到系上擔任助教，乘船來臺，碰上風浪，在閩江口待了兩星期才能啟航，到臺中時助教缺已不在，因此羅主任請邱人璋教授在臺中農校教了一年書後，才到系上服務。

民國四十六年，羅主任推薦邱人璋教授取得農復會獎學金，至美國肯薩斯州立大學深造，並於民國五十年順利取得博士。五十四年時再度至美國伊利諾大學修業二年，在Dr.L.M.Black指導下，完成昆蟲細胞培養感染方法得到突破性進展，論文於五十六年在頂尖期刊 Nature 發表，是我國農業界的偉大成就。

邱人璋教授在伊利諾大學求學時，孫運璿部長曾當面邀約，囑咐他務必回國服務，在行政上必有重用。邱人璋教授回國之後就被羅致到農復會上班，當時在植保科負責全國的植物保護工作，為了繼續替母系培育英才，仍然在系上擔任植物病毒學的客座教授，每兩週來上四個小時的課。

邱人璋教授對臺灣植物保護工作的投入，非常認真，籌畫周詳，每每群策群力，解決了許多無藥可救的重大絕症，譬如香蕉萎縮病的防治，水稻多種病毒與菌質病害的防治，甘藷病毒的防治，柑桔無病毒種苗繁殖體系的建立及黃龍病的防治，百香果病毒的共同防治，木瓜輪點病毒輕症疫苗交互保護防治，竹嵌紋病毒的防治以及其他重要病蟲害的管理都能夠迅速解決農業生產的限制因素，其成就不但保護了重要農業，成果更是蜚聲國際，成為臺灣之光。可以說，邱人璋教授是臺灣植物病毒學的先驅者，除了培育人才，也把臺灣的植物病毒研究提升到國際先導地位。

邱人璋教授是中國傳統知識份子的典型代表，在他身上我們看得到正心、誠意、修身、齊家、治國、平天下的偉大涵養，他的行事不單因個人的好惡使團隊工作有所缺失，他也有定靜安慮得的思維，策劃精詳，總能得心應手，凡事為國為民從不循私，順利解決重大病害的問題。更難能可貴的是不忮不求，視高官富貴如浮雲，一生節儉自持，奉公守法。邱人璋教授對行政職位沒有興趣，否則早應是擔任大學校長或農委會主委以上的要職。

邱人璋教授耳聰目明，頭腦清晰，非常人所能及，個子非常高，形象帥氣，他和蔣啟弼合照時，彷彿一個模子刻出來的，眼睛和眼神十分相似，邱教授愛好攝影、欣賞古典音樂，寫作不綴，發表論文數十篇。

邱人璋教授一生好學，九十幾歲，還搭公車去中華商場購買零件維修電腦，邱教授一生清廉，曾有小偷登門光顧，最後卻空手而返。蔣啟弼常常說，舅舅邱人璋教授是真正的農業專家，當初如果留在美國，沒有受邀回臺，一定會拿到諾貝爾獎。

蔣啟弼有一位叔叔，蔣書誥先生，也是飽學之士，在臺灣省政府農林廳（今行政院農業委員會農糧署）服務，是薦任十職等的技正，兼任農業專門委員，全國所有農會總幹事，都上過他的課。

打通兩岸的橋樑

所敬亦敬；最美的羈絆

蔣啟弼和郭淑惠的一雙兒女，女兒佩琪從小學習音樂，天賦非凡，曾在美國、巴黎等地深造，是美國南加大（U.S.C Alumna）企管碩士、廈門大學王亞南經濟學院的金融博士生，襄助父親，管理球場，紮根連江，是福建省高球協會副會長、福建省茶業協會副會長、福州市三胞婦女聯誼會副會長，以及又溪基金會董事長。民國一一〇年（二〇二一）被推舉為福州市臺胞投資企業協會新任會長，蔣佩琪的個性像爸爸，一向樂善好施，事業風生水起，獲獎無數，是當地頗有影響力的女企業家之一。

女婿鮑璽文（Elliot S.Powers）是一名綠建築認證師，同時也是高爾夫球教練，對球場生態環保相當注重，生態系統是業內的最高規格。兒子後元，熱愛汽車，小學畢業後赴美讀書，加州帕薩迪納的藝術中心設計學院（Art Center College of Design）工業設計科系畢業，是全美知名、聲望最高的學校，師資都是在業界俱有相當實力的知名人物，後元學習汽車設計，作業量相當繁重，一周必須畫到兩百張設計圖左右，幾乎沒有時間做其他課外活動，畢業後回臺灣自己開設工作室，從事重機、跑車設計改裝，許多明星、偶像藝人，像陶喆、張菲，蕭敬騰等都是他的朋友。後元結婚時，張菲情義相挺、上臺獻唱，祝福新人。

傳承文化；臺北市福州十邑同鄉會

民國六十八年（一九七九）臺北市福州同鄉會籌款，興建林森紀念堂及會所，蔣啟弼朴誠謹裕，捐獻鉅款，共襄盛舉。

民國九十六年（二〇〇七）蔣啟弼任臺北市福州同鄉會理事長，二屆八年，捐款兩仟多萬，推展會務，整修會所，凝聚鄉親，增進鄉誼，來往奔波，為兩岸三地福州鄉親，建構交流平臺，接待無數福州社團來臺參訪。

自掏腰包，整修辦公室，美化環境，將同鄉會佈置得新意盎然。此外，開放場地，鄉親同樂，供應茶點，跨年、端午、中秋晚會、重陽敬老茶會，林森先生誕辰紀念活動、新春團拜活動等等。

蔣啟弼鮮少參加社團活動，就任臺北市福州同鄉會理事長，乃前彰化師範大學校長張植珊囑咐，才接受這個職務。張植珊先生為臺灣教育界巨人，曾獲師鐸獎、行政院乙等獎章、績優獎章、中國文藝協會榮譽獎。

福州通誌；記述家鄉風土人情

蔣啟弼遍覽群書、實地考察後，出資邀請張植珊校長主持編撰了《福州通志》，報導福州當地歷史、地理、人文、產物等等，分送到世界各地福州同鄉會、歷史文物館。多年以來，臺北市連江同鄉會的會務處理、活動贊助，無不盛情相助、慷慨解囊，蔣啟弼於民國一百年（二〇一一）出版《福州通誌》，宣揚家鄉文化，無非希望透過此書，讓更多人莫忘己身所從出，也讓後輩更瞭解家鄉之風土文物及歷史故實，這本書也成為許多人認識福州歷史的經典書籍，說明了蔣啟弼對家鄉的大愛。

終身奉獻；臺北福州十邑同鄉會理事長

蔣啟弼退休後，有更多的時間來從事回饋社會的志業。臺北連江的鄉親推薦他為臺北連江同鄉會永久名譽理事長，同時還擔任臺灣福建省同鄉會理事長、臺北福州十邑同鄉會理事長、臺灣福州十邑同鄉會總會長、中華新移民交流協會榮譽主席，全國各省福建同鄉總會副總會長、世界福州十邑同鄉總會名譽總會長。

其中的新移民是指通過婚嫁移居到臺灣的人，裡面有很大比例是福建省鄉親，他們在融入臺灣社會不同文化時，往往需要很多協助，蔣啟弼拿出他執教時的精神，投注很多心力在這些鄉親身上，通過研習會學習臺灣文化，擔心鄉親們每逢佳節倍思親，曾經每年都在臺北市花博場館舉辦音樂會及大型中秋聯誼晚會，請鄉親們吃飯，同歡同飲，把鄉親緊緊的凝聚在一起；會場上許多人喊他叫「蔣爸爸」蔣先生也成為這個新移民大家庭的大家長，可見蔣先生對於家鄉福州的愛是沒有界線的。

建國百年中秋前夕，蔣啟弼在臺北錦華樓包場，大擺千人宴，款待福州鄉親，歡度佳節，當天賓客冠蓋雲集，副總統吳敦義，當時是行政院長，以及蔣啟弼的拜把兄弟，立法院長王金平等等，都到場祝賀，盛況空前，酒酣之際，蔣啟弼上臺高歌，留下相當美好的回憶。

都是一家人；打通兩岸的橋樑

打從一開始，蔣啟弼選擇在連江投資，就是希望透過企業經營與家鄉一起共謀發展，正如同他的名字一樣，承先啟後、弼澤鄉里，這八個字，可以說是蔣啟弼的最佳寫照。

從成功的經營者轉變成熱心公益的急先鋒，許多人說蔣啟弼是慈善家，他本人卻不這麼想，反而認為自己是很幸運的人，因為自己有能力幫助兩岸鄉親。「善事不分大小、貴賤、別人有難處，能幫一點是一點。」蔣啟弼總是這麼告訴身邊的人，通過經營投資、基礎建設和人文教育三方面的努力，二十多年來，蔣啟弼超過一億多的美金總投資額，讓他所深愛的故鄉蛻變成4A級景點，通過人文教育的道路，更將海內外的福州鄉親們都擰成一條堅固的繩，未來通過舉辦世界級高爾夫球賽事，讓福州聚焦全世界的目光；他認為，福州未來應當抓住《一帶一路》的發展機遇，實現跨越發展。而他自己也會持續關心福州的發展，為福州的產業升級而努力，期望留給家鄉一個可傳承的優質企業，保留連江這片美好的青山綠水，讓子孫能在此地生生不息，家鄉的未來更加璀璨。

蔣啟弼在臺灣全心投入臺北福州十邑同鄉會會務，同時心繫兩岸發展事宜，行有餘力，經常往返兩岸，希望雙方持續和平交流。蔣啟弼常常說：「兩岸一家親，血濃於水。」籌組「臺灣地區全國各省同鄉聯誼會總會」並擔任總會長，聯絡福建各相關同鄉會要一起組團回鄉，甚至寫信給習主席，爭取籌建三十層大樓，經營飯店，讓鄉親有個棲身之處。

莫愁前路無知己

家人及親友訪談五則。

一輩子的羈絆：太太郭淑惠理事長訪談

黑白電視；轟動眷村的嫁妝

我和先生的家庭背景差異極大，我是臺北大稻埕的千金小姐，父親是大貿易商，經營進出口貿易，同時也是西德、奧地利等國，盤尼西林等西藥品的臺灣總代理及總經銷，業務員幾十位。

當年高級的日本蘋果，一顆要價六十幾塊，普通的陽春麵一碗才兩圓，通常人家請客送禮、逢年過節才能見到，在我家只是茶餘飯後的小點心。

家中十幾個弟妹中，我是長女，從小聽話懂事、品學兼優，是父親掌上明珠、家裡最受寵的孩子。而先生是眷村子弟出身，從小自立自強。

當年和先生相戀八年，家人都不贊成，姑媽也勸戒，要讓父親幫我找個門當戶對的年輕醫生、商賈子弟，我偏偏不聽，一定要嫁這個窮小子。

媽媽覺得先生是個很上進、有志氣的年輕人，支持我們婚事。爸爸擔心我婚後會吃苦，但他很疼我，沒有公開地表示反對，民國五十三年（一九六四）我們完婚時，爸爸為我置辦相當豐富的嫁妝，其中有一臺當時剛剛推出的十四吋黑白電視機。

「當年電視機都是從日本進口的，臺灣僅有一家電視臺，臺視（今臺灣電視公司），先生家住眷村，電視機是相當罕見的東西。」有家庭購買電視機，是轟動鄉里的大事件，只要電視機一開，大家都會跑來湊熱鬧，一開始都是播新聞，還沒什麼節目，不熟的大人、小孩不好意思進屋，就搬椅子或站在院子從窗戶外面看，現代人可能難以想像。

以身作則；孩子們的榜樣

很多親友擔心我結婚之後，貧賤夫妻百事哀，兩個人一天到晚為了錢而吵架，過得不幸福，其實，這種「門當戶對」的觀念跟婚姻幸不幸福沒什麼關係。我認為幸福的關鍵不是所謂的門當戶對，要看夫妻兩人，對價值觀的看法、願不願意互相理解，和錢沒有什麼關係。確實有許多家庭對於金錢有不同看法，無論如何，夫妻相處都不見得會「百事哀」。

先生很孝順，他對父親情感深厚，每每談及父親戎馬一生，經常哽咽落淚。事業有成後，特別出資在家鄉東岱中學，興建教學大樓並命名為「書訓學樓」，以紀念父親。

我們婚後，隔一年就有了佩琪，四年後後元出生，先生沉浸在「當爸爸了」的興奮中，同時感受到肩負的責任，要教出品行端正、功課優異，對國家社會有用的下一代。先生在學校和調查局工作，薪資並不豐厚。一個公務員的薪資，連孩子學音樂的才藝費、私立小學的學費都負擔不了，兩人只得日夜兼課。

婚後的第一個十年，我身兼四職，在稻江商職的日間部擔任英文科兼任教師、夜間部觀光科專任導師，也在淡水工商的日間部英文科兼任教師，甚至到臺大農學院昆蟲系研究所（今國立臺灣大學生物資源暨農學院昆蟲學系）任教授助理，讓孩子可以心無旁騖，全心學習，雖然日子過得相當勞碌，卻不以為苦。

先生重視家庭，由於深信「上樑不正下樑歪」、「孩子看著父親背影長大」，他始終自律嚴謹，力求當孩子們的榜樣。勤儉、正直、勤懇、明斷、方正，他習慣以行動表達自己的情感。

他堅信美德的價值，且於生活中身體力行。孩子們看在眼中，孫輩也會記在心裡。隨著先生創辦大能，日後事業愈做愈大，行程日益忙碌。盡管如此，週末假日，他常陪全家上餐館、看電影、郊遊，彌補平日無法多陪家人的缺憾。我們夫妻，彼此分工合作，他是嚴父，我是慈母，共同撐起和樂的家，數十年如一日。

不同的道路；各自的事業

民國六十二年（一九七三）先生創立大能化工，創業初期沒有資金，我幫他調頭寸，同事、朋友、迪化街老鄰居，彼此知根知底，願意襄助。

我白天四處去借錢，就沒再去學校上課，只能利用晚上到校兼課賺錢，算一算，從五十三年到六十三年，當了十年教師。

民國七十一年（一九八二）兒子後元十三歲，他去美國念書，我去跟著赴美，一方面負責孩子教育，一方面負責管理美國的分公司。三年之間不斷往返美國跟臺灣，相當忙碌。

民國七十三年（一九八四）大能集團的相關企業，順賢營造經營不善，拖垮大能，影響整個財團運作，加上經濟危機，損失慘重。

當時我為了讓兒女在美國安心就學，便替先生申請綠卡，先生申請到綠卡，一家人自然也跟著取得。

十一月十二號，印象非常深，當時公司狀況很緊張，先生焦頭爛額，必須留在臺灣主持大局，因此放棄好不容易申請到的綠卡。

民國七十四年（一九八四）我受倪國英襄理邀請，投入保險業，也考取保險從業人員執照。

民國七十六年（一九八七）我獲得財政部臺北國稅局推薦為「保險產業績優評核業務人員得獎者」到以前的財政部大樓（今光復南路大巨蛋）參加頒獎典禮，分享實務經驗業務，鼓勵默默耕耘的保險從業人員。

萬關難過萬關過，不過萬關不回頭

民國七十七年（一九八八）政府開放證券經紀商執照申請，我開始經營大業證券，十月份大業開業，當時臺灣股市剛剛經歷郭婉容事件，財政部長郭婉容宣布民國七十八年（一九八九）起將課徵證卷交易所得稅（證所稅）臺灣股市在一個月之內無量下跌十九天，並且股市指數由八千九百餘點跌至五千七百餘點，幾乎是腰斬。金主被迫跑路、散戶、融資戶被迫追補保證金或抵押房產。

大業證券就是在這樣悽慘的景氣下開始經營的，不過後來臺灣加權指數一九八九年上半年快速收復失地，一九八九年六月突破一萬點大關。

民國七十九年（一九九〇）一月，臺灣股市突破 12495 點，此前三年之間，臺灣股指從1000點一路飆昇到12682點，整整上漲了十二倍。大漲過程中，開戶的人數從五、六萬人暴增到六百萬人之多。當時幾乎是買什麼賺什麼，在整個股市狂漲的過程中，大家的日子都非常好過。

大業搭上順風車，日營業額數十億，連工讀生一個月都可領三個月工資，營業員月薪百萬。在這個高速擴張行業，我們證券公司的員工，年底獎金高達七十個月，甚至一百個月的月薪，幾年後股市泡沫，漸漸走下坡，民國八十四年（一九九五）賣給建弘證券，幾經併購後，就是今天市值上百億的永豐金證券股份有限公司。

合家歡十周年；接任總裁

民國八十七年（一九九八）我接任合家歡世界歡球渡假俱樂部總裁、福州溫泉高爾夫俱樂部總裁，多年以來，一直在先生身邊，從旁協助，見證他海內、海外事業的發展。

合家歡十周年，我上任第一件事，就是與國內知名渡假俱樂部及飯店結盟，民國八十七年相繼與礁溪陽光假期飯店、深坑新翠谷休閒中心、新竹煙波大飯店、鹿谷小溪頭渡假區、臺南走馬瀨農場等五個新結盟渡假據點，全省合家歡會員將在各地渡假俱樂部享受超值優惠，並投注重資重新裝潢現有據點，這一切的改變與突破無非是希望提供給我們會員更多、更廣、更方便的休閒渡假環境。

中正紀念堂兩廳院（今國家表演藝術中心國家兩廳院）李炎主任曾任教育部國際文教處處長，和先生也是多年好友，先生在我面前不會說什麼感性的話，卻曾經跟李炎主任的太太張大姐說過：「我這一輩子，最對不起的人是我太太。」表示他對我多年付出的肯定。

攻讀學位；班上最認真的同學

跟在先生身邊，我很早就嚐到了創業的酸甜苦辣，我一點也不放鬆對知識的渴求，民國九十六年（二〇〇七）六十八歲攻讀加拿大國立皇家大學企管系研究所，利用業餘時間，周末去臺大管理學院修課上學。從早到晚，修業兩年，民國九十八年（二〇〇九）以七十歲的年紀，修完企管碩士學位。

投身公益；施比受更有福

由於先生的慈悲心，促使我更加熱衷社會公益，這些年來持續捐助慈濟功德會、國際扶輪社、國際同濟會、同鄉會等公益活動，三十年來每年捐助「又溪獎學金」基金會鼓勵連江的優秀學子，每年都由連江縣政府舉辦大會頒發獎學金。

我堅持，要以誠信待人，常以證嚴法師的靜思語提醒自己，「存好心，說好話，做好事」，成功絕非偶然，失敗必有原因，不是努力不夠，就是方法不對。凡事操之在我，用心做好每一件事。

吾日三省吾身的楷模：平潭同鄉會理事長，林輝紅先生訪談

在我的印象中，蔣先生是對人十分慷慨的老前輩。

民國一〇五年（二〇一六）臺北福建同鄉會年會時，我們邀請蔣先生共襄盛舉，這是第一次和他見面，而後數年，每每邀請他一同餐敘，蔣先生都會早早就到，談吐不凡、口才流利，而且對於待人接物的慎重，幾乎到了無懈可及的地步。

蔣先生經常和我們這些晚輩，分享自己的人生經驗，是個很優秀的人。他常常說一句話：「白天想想他人，晚上想想自己」，就是這樣一個可以推己及人的智者，與君一席話，總能學習到很多。

後來才知道，蔣先生晚年因為鼻咽癌，導致牙口不好，不能吃太油膩的東西，

所以蔣先生和我們見面，赴約之前都先在家裡吃點稀飯才過來與會，是一個生活嚴謹、重視紀律的長者。

舉凡需要幫助、或是有求於他的人，蔣先生總義不容辭，他成立又溪獎學金基金會，幫助故鄉的學子，擔任同鄉會會長期間，也有許多佈施和捐獻，非常捨得幫助遇到困難的人。

蔣先生也是個眼光獨到的人，早早就回故鄉開拓事業，建造福州溫泉高爾夫球場，把泥灘地變成好山好水的球場，帶動故鄉經濟發展，造福鄉里，現在由女兒佩琪管理。

對他來說，雖然不在家鄉，但福州同鄉會的所有參與者都猶如他的家人，他很享受跟鄉親在一起的時候，雖然身家巨億卻帶頭勤儉，以身作則，沒有架子，待人親切。

每年整修同鄉會會所或又溪獎學金不足，蔣先生都會填補缺額，甚至親自到連江縣政府頒獎，舉辦盛大典禮，勉勵後生晚輩用功讀書。用一己之力，以私人捐贈的方式為家鄉修築防洪堤壩、造橋鋪路，他就是這樣一個當自己有成就時，不忘本，懂得回饋鄉里、為家鄉謀福利，當地鄉親看見此舉十分感動，將他稱為大善人。

疫情嚴重時，女兒佩琪以父之名，自掏腰包捐贈三萬劑快篩給福州鄉親，縱使人不在臺灣仍心繫同鄉會，給每個同鄉會一千支快篩，分發鄉親，十分慷慨。

蔣先生非常捨得，把鄉親當家人，推己及人，窮則獨善其身，達則兼善天下，自己有能力時幫助別人，不做為富不仁的事，這一點很多有錢人都不一定做得到。

縱使事業成功使他獲得大筆資源，但物質生活還是簡潔不奢華，他追求的，反而是對家鄉的回饋。他同時也是警友會的會長，也熱心贊助選舉造勢，對我來說，是相見恨晚，如果早點認識蔣先生，我們可以跟他一起做善事，正所謂近朱者赤近墨者黑，我們可能會更有福報。

兩岸一家親勝過兩岸一世仇：前同鄉會總幹事，王禮國先生訪談

民國九十六年（二〇〇七），彰化師範大學前校長，張植珊先生推薦蔣先生接任福州同鄉會理事長職務，蔣先生並無推托，為了服務鄉親，決意負起重擔。蔣先生在任期間，捐款上千萬給同鄉會，修建會所、回饋鄉親、提攜後輩，他是個很大方、十分熱情的人。當年編寫福州通誌，裝幀、印刷、發送就花了上百萬，後來還發行世界福州通訊季刊，發送給分散世界各地福州鄉親，供鄉親們聯絡交流。

蔣先生十分重視福州文化的傳承，為發揚閩劇，躬逢福州閩劇團來臺演出之盛事，邀對方於福州同鄉會的林森紀念堂及臺北中山堂粉墨登場。

民國一百年（二〇一一），蔣先生和郭淑惠夫婦舉辦一次慶祝建國百年的盛事，在花博音樂廳舉辦音樂會，宴請同鄉共襄盛舉，次年舉辦中秋晚會，邀請兩千多位新住民參加，郭元益（郭元益食品公司）贈送五十臺斤的大月餅，搭配著炒熱氣氛的摸彩活動，連時任總統馬英九都送禮致意，活動相當圓滿。他無怨無悔為鄉里付出，對於家國政治，他也義不容辭，主動為鄉親謀取福利。

第三十屆世界福州同鄉會懇親大會，蔣先生還帶著鄉親回到福州故鄉參訪、旅遊，當時他與福州省政府合作，為旅程提供不少方便，日後福建省政府派員來臺灣時，特地到同鄉會拜訪蔣先生，蔣先生盡地主之誼，在中華路喜相逢餐廳（今錢櫃中華新館）設宴款待，飯後還去附近續攤，邊聊天邊唱歌，蔣先生唱歌都不用看提詞機，歌詞都記在腦海裡，真是厲害，每次接待來訪團，都致贈伴手禮，讓對方留下難忘回憶。

蔣先生晚年，一直想跟福州市政府申請一塊土地，好規劃一個世界福州園區，建造包含辦公室、招待會所的大型酒店，帶動福州當地經濟發展，對岸的領導同志，也欣賞蔣先生的提議，繼續為此事業努力。

蔣先生是連江東岱鎮出生，事業有成後回到故鄉，興建連江縣第一棟電梯大樓，安通廣場，蓋好之後，其他縣市的政府官員相繼組團前來觀摩學習。蔣先生為福州鄉親建造的公共設施，為數眾多，連江縣人民政府，他們葉家松縣長為了感謝蔣先生，希望贈與蔣先生一塊土地，蔣先生並沒有接受，他認為所作所為都是應該，為了公益而非利益。

蔣先生還在長沙蓋運動公園、造橋鋪路，善行不勝枚舉，堪稱社會典範。對蔣先生來說，臺灣跟福州藉由兩地的交集、增加聯繫，彼此釋放善意，促進兩岸互相交流理解。蔣先生是個很有正義感，愛國家愛民族的人，希望兩岸交流、和平發展。曾經有一個大新聞，臺灣漁民與福建漁民起衝突，福建漁民被臺灣政府收押，蔣先生一看到這個新聞，馬上到現場關心，出錢出力為他們打官司，最後還出資，送這些福建漁民安全返家。

現在人比較沒有對血緣的認同，蔣先生他觀念很傳統，重視忠孝節義，期望把個人孝順發揚光大，愛鄉土、愛國家，兩岸一家親，互相交流，增加善意、降低敵意，希望和平相處、和平發展，共同追求兩岸更美好的未來。

才華洋溢的同袍蔣啟弼：調查班第五期同學　柯世昌先生訪談

蔣先生跟我是調查班第五期的同學，他給我留下的第一印象，從功課到擒拿、摔跤，樣樣都行，是標準的文武全才。有種油然而生的威嚴，兩顆大眼睛炯炯有神，他的性格方方正正，是一個相當嚴謹的人。

法務部調查局的前身是中統局（中國國民黨中央執行委員會調查統計局），來臺灣之後，負責維護臺灣地區安全和打擊社會重大犯罪活動。除接受國家安全局委託「政治偵防」業務外，還負責偵查防範賄賂、毒品交易、重大經濟犯罪等事務。

展抱山莊；培育調查官的搖籃

司法行政部調查局招生，說是受訓半年，但三年只招四期學員，因為必須扣除週六、日，紮紮實實受訓一百八十天，我們是民國五十六年（一九六七）十二月九號進訓，受訓時，全員都著軍裝，按照部隊作息，接受準軍事化訓練。在嚴格的學科、術科、實習等訓練之下，磨練受訓學員的身體素質與品格養成，淬鍊成正式的調查官，未來無論擔任任何角色，都能夠堅守崗位。

民國五十七年（一九六八）七月底，我們第五期從展抱山莊結訓，分發到各單位，當時大家共同約定，無論多忙，每年的進訓日，十二月九日都要舉辦同學會，聯繫彼此情誼。

大能化工；踏上不同的道路

蔣先生聰明又有才華，可惜早早就離開調查局，一個人如果很能幹，就會招人眼紅，人的心態是這樣，見不得別人好。就是格局太小，看人挑擔不吃力、事不經歷不知難。後來在國科會的餐廳聚會，聊到這件事情，蔣啟弼也語重心長地說：「得意的時候多做功德，失意的時候要多讀書。」

大能從民國六十二年（一九七三）籌備，股票從不到四塊錢，一路走高，最後將近五、六十塊。我一直在旁看，當時就覺得蔣先生很能幹，是優秀的企業家。

創業艱難，守成不易，蔣先生衝事業很厲害，卻不善打理，夫人會幫他守成，蔣先生才有現在的成就，他愛面子，我們五期的同學，有些人跟著蔣先生做事，卻不知感恩，有關方面強加給他莫須有罪名時，也是同學告的密。

共敘情誼；調查班第五期同學會

蔣啟弼從民國七十幾年開始，接任我們調查班第五期同學會會長，當年度便捐款數百萬元，替同學會訂定章程、組織社團，設立社團法人，期許社團同學們彼此互幫互助。

本來這筆錢存在土地銀行（臺灣土地銀行）副總經理張福興那裡，後來對方選上國民黨第四屆立法委員和花蓮縣縣長，民國九十二年（二〇〇三）於花蓮縣縣長任內因肺癌病逝。

張福興過世，這筆同學會的款項無法取回，我們同學們提議要協助蔣先生處理，但蔣啟弼看對方因癌症驟逝，家屬相當悲傷，因此不願追討，當作沒這件事。

我們第五期有個同學，叫做張福寶，曾經和大家說，自己任內犯了一點事，有潦倒過一陣子，是蔣先生聞訊後，買一部車給他，讓他開計程車謀生、養家餬口，對蔣先生相當感激。

蔣先生是個很重感情、重義氣的人，相當有俠義精神，早出生幾十年，就跟上海皇帝杜月笙差不多。他做事情是為了凝聚同學情誼，不是為了私利，後來蔣先生過世，同學會繼任的會長沒一個比得上他的。

蔣先生很信賴我，我也很願意協助他，每年十二月九號舉行同學會，都在林森紀念堂的十二樓聚會，每次同學會，提前一個月做準備，得打上百通電話，從會前的名單統計，到一周前再三通知。我編列名冊、負責聯絡，每次至少席開五桌以上，費用全由蔣先生負擔，還貼心地為大家準備紀念品。民國一〇七年（二〇一八）同學會召開前十天，我打電話給蔣先生，向他推薦本屆同學會的伴手禮，中正紀念堂販售的國旗瓷杯，結果沒多久，就接到他昏迷、過世的噩耗。

七十八歲的蔣先生意外過世，出殯那天，我們第五期的同學，來了四、五十位，前立法院長王金平先生，出任治喪委員會主任委員，還有郁慕明、吳伯雄，甚至連世界福州十邑同鄉總會總會長，也是福建省政協委員的吳換炎先生也從香港來致哀。

訃聞上藍綠陣營、各黨派主席也都公開贈送輓聯和花圈，告別式的會場聲勢浩大，媒體亦到場採訪，三立新聞、自由時報皆有專文報導，要風風光光地送啟弼，走完人生最後一段路。

低調做事、律己甚嚴的實業家；資深員工，王昌信先生訪談

民國六十一年（一九七二）大能成立，我民國六十六年（一九七七）六月十號入職，一直到民國八十九年（二〇〇〇）退休，總共在蔣先生身邊，服務了二十三年。

我認識蔣先生時，大能化工已經成立五年，公司當時的營運狀況相當穩健，可以說生意非常好。蔣先生是一個十分慷慨的老闆，會將公司的收益回饋在員工身上，除了三節獎金之外，還有額外員工旅遊，當年大能化工的薪水及福利非常好，幾乎沒有員工願意離職。

現在回頭看，蔣先生當年有三大創舉：

一、成立大能化工，至今仍是全臺灣唯一的氰化鈉工廠。

二、成立大能中央空調，引進並製造全臺灣第一臺分離式冷氣。

三、成立合家歡，國內第一家，也是至今唯一與 RCI 合作的渡假俱樂部。

合家歡首先是在安敦國際大樓成立臺北城市俱樂部起家，本人亦曾擔任過城市俱樂部的總經理，餐點相當奢華，私人包廂滿是政要名人，是當時臺北市內最高檔的俱樂部。

夫人跟先生都是很有主見的人，夫人很尊重先生，蔣先生從不炒作股票，他不願意做投機事業，只投資長遠的生意。民國七〇年代，土地一坪開價一百圓，蔣先生當時，身邊有一筆六千多萬的資金可以投資，夫人建議蔣先生買幾百甲地投資地產，蔣先生偏偏不要，和國際海底工程公司法國 Comex 在蘭嶼深海用潛水艇開採珊瑚，在當時也是創舉。

蔣先生喜歡做實業，希望以實業報國、實業興國，當臺灣產業的領頭羊、火車頭，促進產業發展、向前邁步。

蔣先生是個嚴以律己、十分務實的人，除了應酬之外，幾乎從不抽菸，二十幾年沒買過一部新車，都是二手車，相較之下，關係企業常常買新車，共二十多部車，但蔣先生不喜歡這樣，他注意大事，不拘泥細節，所以遇到有心人士，容易吃虧。

調查局前局長沈之岳先生，其長子沈海濱，原先在大能公司當董事長，自己跳出來開業，在桃園觀音區成立汽車零件廠，還是用大能集團資金投資的。

後來零件廠內部出現糾紛，還請來蔣先生主持公道，當時蔣先生說話很有份量，但蔣先生並沒有替任何一方出頭，我一直不理解，後來蔣先生才說，這件事情，有糾紛的兩造都是親戚關係，我們是外人不好插手。

編輯跋：時代的弘鐘

對本書以及已逝實業家蔣啟弼先生的研究，係田野調查、文獻整理和口述歷史等三方面同時進行。

蔣啟弼先生從教、從公、從商數十載，歷經我國經濟之全面繁榮發展，以及兩岸開放貿易等階段，他所成立的大能集團、合家歡世界環球渡假俱樂部、福州溫泉高爾夫球場，皆為海峽兩岸近五十年來產業升級浪潮的重要推手，誠然，時代的鴻鐘並不是蔣啟弼一個人敲響的，但他確是最重要的敲鐘者之一。

蔣啟弼是臺灣化工業的巨人，當之無愧的產業火車頭，他的一生是白手起家的經營傳奇，殊績迭出，既有成功企業家所具備的各種優秀經營成果與經驗歷練，也充分汲取儒家文化傳統的滋養，通過實業報國的方式，在兩岸善慈事業之間奉獻一生。

人無法擺脫社會的潛移默化，無法獨立於現實世界之外，國家政治，禍福倚伏，使人無法為純粹的個體。與蔣啟弼投資兩岸實業與善慈事業上的貢獻，形成鮮明對照的是研究上的冷落，目前尚無對蔣啟弼進行綜合研究的專著，只有零散在周刊、報章雜誌上的概要介紹與論述。本書力圖彌補這一不足，對蔣啟弼做專題性的綜合研究。

史料研究，幾經更迭，缺乏文獻佐證，使真相難明。為解決相關問題，口述訪談成為重建史實的工具。本書以蔣啟弼夫人郭淑惠女士的訪談資料為基礎，建構其史實與現實的關係。史料採擷、博訪耆舊，當中旮折，稍傷繁瑣，家族成員，各殫心力、體問周恤，深表欽佩。

感而後思，思而後積、積而後滿，滿而後作、文繹腹集，始講德陳道。傳記文學贍繕生命故事、收貯時代記憶，是個體，亦是集體。大廈材非一丘木，萬世功非一人略，允願舉賢求術，同道學以篤行，廣為著書立論。

略布鄙懷　敦請諒察為幸

橋樑文化　邱靖雄　拜稟

民國一一一年（二〇二二）孟秋廿一　於臺北　解愚頑

參考書目

《大能化學工業股份有限公司 - 財政部全國營業（稅籍）登記資料公示》（財政部財政資訊中心，二〇二一）
《戒嚴時期政治案件查訪》（中央研究院近代史研究所，一九九九）
《我國法務部調查局組織再造之研究：結構－功能的觀點分析》（羅曉平，二〇〇三）
《「法務部調查局與廉政署業務協調會議」補充報告資料》（調查局，二〇二二）
《法務部調查局特種資料典藏概況》（黃文德，二〇一八）
《從「中統」到調查局》（劉維開，二〇二一））
《由氰氮化鈣試製氰化鈉》（沈彬康；周瑀，一九五六）
《我國電鍍業勞工作業環境暴露實況及健康危害預防之研究》（林明修，二〇〇一）
《化工學界的「臺灣第一」》（陳信文，二〇二一）
《臺灣特用石化工業與地域性比較研究》（夏鑄九；徐進鈺，一九九七）
《用生命築長城——F-104 星式戰鬥機臺海捍衛史》（王長河；葛惠敏，二〇二一）
《黑金：臺灣政治與經濟實況揭密》（Ko-lin Chin，二〇〇四）
《八十一年夏字第三十八期公報》（臺北市政府，一九九二）
《獨占事業大能化工》（臺灣文摘社，一九八四）
《臺灣地區高爾夫球運動人口消費行為之研究》（黃鈺真，二〇〇二）
《中外酒店集團比較研究》（薛秀芬，二〇一三）
《臺北水源特定區水源保育教育永續推廣暨整合應用計畫》（葉美伶，二〇一一）
《大陸臺商社會適應與社會認同研究：基於福建的田野調查》（嚴志蘭，二〇一四）
《兩岸經貿關係的機遇與挑戰》（童振源，二〇一三）
《蔣佩琪：父女的堅守與傳承，兩代人的兩岸情懷》（閩商傳媒，二〇二二）
《福州連優秀學生獲 2023 年「又溪」獎學金》（江葦杭，二〇二三）

國家圖書館出版品預行編目（CIP）資料

福因善慈千萬重 : 一代實業家蔣啟弼紀念集 / 郭淑惠口述 ; 邱靖雄總編輯 . -- 初版 . -- 臺北市 : 橋樑文化工作室 , 2023.03
面； 公分
ISBN 978-986-06280-8-1(平裝)

1.CST: 蔣啟弼 2.CST: 傳記

783.3886 112004540

個人傳 PH009
《福因善慈千萬重》一代實業家蔣啟弼紀念集

口　　述　郭淑惠
總 編 輯　邱靖雄
責任編輯　許舜合
稿件校對　王資升　侯英豪　陳煦蓉
版面設計　小豹設計事務所
美術設計　張淑宣
出　　版　橋樑文化
　　　　　橋樑文化出版社
　　　　　10356臺北市大同區寧夏路十一號十二樓之十五
　　　　　電話：(886)0919-467-398　傳真：(04)722-6938
　　　　　E-maill：air12678@gmail.com
　　　　　帳號：812-2056-1000-1279-79
　　　　　網站：https://bridgc.weebly.com/
印　　刷　仟業影印有限公司
　　　　　10047台北市中正區開封街一段二號七樓之六
代理經銷　白象文化事業有限公司
　　　　　401台中市東區和平街228巷44號
　　　　　電話：(04)-2208589　傳真：（04）-2220-8505

上架日期　2024年3月
定　　價　新臺幣500元
ISBN　9789860628081